Action!　トヨタの現場の「やりきる力」

はじめに――いまの時代に必要な4つのActionとは

「よーい、アクション！」

カチンコの合図とともに、俳優が役を演じて、映画は撮影されていきます。

私たちビジネスパーソンも、人生という長編映画で日々を演じているといってもいいのかもしれません。

しかし、「アクション！」という掛け声のように、勢いよく行動している人は非常に少ないように思います。

目まぐるしく変化する激動の現代は、**個々のアクションが求められる時代**だと言えます。

ここ数年でテクノロジーは大きく進化してきました。これは、何か1つのテクノロジーによって大きな変化が起きているわけではありません。多数のテクノロジーの組み合わせによって小さな変化が怒涛のように進行しているのです。

自動車や家電製品などは、ほとんど発明され尽くしました。小さな変化というのは、スマホやAIなど独立するテクノロジーが掛け合わされ、小さな波が連続して発生しているのです。このような時代を乗りこなすには、大きな波を悠長に待っていても仕方ありません。小さな波を見極めて、その波に合わせて自らアクションしていかなければ、流れを捉えることはできないのです。

さらに、これからは**「やりたいこと」をやる時代**だといえるでしょう。高度経済成長の時代には、とにかく大きな会社に入って仕事さえしていればそれなりの人生を歩むことができました。しかしいまの時代は違います。未来は非常に不透明で、不確実です。通勤ラッシュでもみくちゃにされて、無味乾燥なオフィスで働き、生産性の低い会議で疲弊しているだけでは人生は充実しません。

会社員でもフリーランスでも起業家でも、「やりたいこと」を仕事に繋げている人こそが、自分の人生を充実させています。やりたいことがない人はどうすればよいのか、不確実な未来を進むためにはどうすればよいのか、その答えも**「アクションをしていくこと」**だと考えます。

まず動いてみることです。いまある資産に捉われて動けないことの機会損失こそ、最も回避すべきことなのです。アクションを起こせば起こすほど、比例するように結果が伴ってきます。アウトプットをし続けると、その何倍もの情報が集まってきます。「やりたい」とか「やるぞ」という決意なら誰でもできるでしょう。行動を具体的に変えない限り、決意だけでは何も変わらないのです。

かくいう私自身、社会に出るまでは全く行動ができない人間でした。学校にも行かず、趣味の機械いじりで時間を潰す日々。学校の成績もどん底になり、友達もおらず、親からも見放され、アパートの部屋の中で将来への不安に押しつぶされそうになっていました。

しかし、趣味の機械いじりを活かすために自動車整備士を目指すという小さなアクションを起こしました。そして、トヨタのメカニックになってから私の中で大きな変化が起こり始めます。いわゆる「トヨタの現場」で数多くのことを叩き込まれるうちに、仕事や人生に対する考え方がすべて書き変えられていったのです。

学びを得ることが楽しくなっていった私は、多くのことを吸収していきました。

その結果、入社して4年後には技術を競う「技能オリンピック」で最年少優勝を果たすことができ、カイゼンのアイデアを競う「アイデアツールコンテスト」で2年連続全国大会に出場するなど活躍できるようになっていきました。

その後もトヨタの現場で学んだことを活かし、IT業界やインターネット業界など様々な業種でも成果を出し続け、現在はWEBマーケティング会社を経営しています。


本書では、その**トヨタの現場で学んだ「Action」**について解説したいと思っています。

「Action」という単語は中学英語で習いますからご存知かと思いますが、英単語というのは得てして複数の意味を持ちます。私が学んだ「Action」も同様で、次のように4つの意味を持っていました。

①行動力
②振る舞い
③作用
④カイゼン

これら1つずつの意味と、そのActionの重要性について、本編の各章で順を追って書いていきます。

アクションをする、やりきる、ということは本当に重要です。

「やってみなはれ。やらなわからしまへんで」と言ったのはサントリーの創業者の鳥井信治郎氏です。**「Just Do It」**と言ったのはNikeの創業者のフィル・ナイト氏です。成功した経営者は皆「やれ」と言いますし、実際にやり続けた人が成功者になっているように見受けられます。

「行動できる人は、生まれつきなのでは？」などという悲観的な意見も聞いたことがありますが、生まれつきの資質などではありません。行動力というのは学んで練習をすることで誰でも身に付けることのできる、一種の技術です。実際に私はそれをトヨタの現場で身に付けました。また、トヨタの現場でなければ身に付けられないかというと、それも違います。考え方1つで、**いまいる場所、いま持っているもので、できることが幾らでもある**のです。

将来、何かになりたい、とか現状を変えたい、と考えるのであれば、必ず「いま」何かをしなくてはなりません。それでは、いまからどのような考え方でActionをしなければならないのか、解説してまいりましょう。

目次

第2章

Action2／振る舞い

結果を出す人は仕事でどのように振る舞っているのか

第3章 Action3／作用

やりきる人の頭の中では、何が作用しているのか

第4章 Action4／カイゼン

さらに成長するために必要なカイゼン思考とは

第5章 「Action」を意識することで得られる3つのactionとは

第1章

Action1
【行動力】

〈例文〉
Action *before theory.*
→理屈の前に**行動**を

すぐに
動きたくなる、
トヨタの現場の
考え方

人間のやったことなんて、人間がやれることの100分の1にすぎない

成功をどこに定義するのかはさておいて、世の中には数々の成功を収める人がいます。そういった人を見ながら「羨ましいなあ」「あんな人になりたいなあ」と〝普通〟の人は考えます。それでは、いわゆる普通の人と彼らは何が違うのでしょうか。育った環境が良いのでしょうか、生まれつき運が良いのでしょうか。

いいえ、その答えは、まさに**「行動」だ**と言い切れます。行動をしたのかしていなかったのか。

誰しもが大きな構想を頭の中で考えることはできるはずです。こんな施設があったら儲かるんじゃないか、こんなビジネスがあったら流行るんじゃないか、など友人や同僚などと話をしたことがある人は多いのではないでしょうか。しかし、前述の「成功を収める人」

というのはそういった考えを〝実際に行動に移した〟という点が大きく違うところなのです。

何かヒット商品が出た時やブームが起きた時に「あれは自分も同じことを考えていたんだ」と言う人を必ずといっていいほど見かけますが、そんなことを言っていてもなんの意味もありません。実際に何か行動をしたのでしょうか。**行動を起こし、まず試してみる**ということが重要なのです。

成功を収める人たちというのは、考えついたアイデアを必ず行動に移しています。それがどんなに小さな一歩だとしても、です。ただし、そもそも「アイデアを考えつかない」という人もいるかもしれません。アイデアを考えつかないと嘆く人に話を聞いてみると、そもそも〝考える気がない〟ようにも見受けられます。口を開けば「もうアイデアは出尽くしているのでは」「この会社でやれることなんて、大体のことはやりきったのでは」といった具合です。

しかし、そんな考えになること自体が大きな間違いです。トヨタの現場では昔から「人

間のやったことなんて、人間がやれることとの100分の1にすぎない」と言われていました。そう、やれることはまだまだたくさんあるはずなのです。

それを表すかのように、トヨタの現場では実際に「アイデアを出しまくる」ための仕組みも数多くあります。大きなものでは「アイデアツールコンテスト」というイベント。日々の仕事をしていく中で、「こんなものがあったらいいな」というアイデアを形にして競う大会です。アイデアだけでもいいのですが、実際に試作品を作って試してみたもの、実際に効率が良くなったり仕事がラクになったりしたもののほうが評価は高くなります。そういったアイデアや試作品を競う全国規模の大会でしたが、私もその大会では現場から40以上のアイデアを出し、2年連続で全国大会に出場させていただきました。

「アイデアを出すためのイベント」というのは仕掛けとして優れているように感じます。一般的な企業でもよくアイデアを出す取り組みが行われていますが、現場の人に話を聞くと「今月中に3つ出さなきゃいけない」「忙しいのになんでこんなことをしなければならないのか」などといった不平不満をよく耳にします。しかし、トヨタのそれはあくまでイベントであり、「大会」です。参加すると賞賛が得られるということで、モチベーションを高く持ちながらアイデア出しに取り組んでいるのです。「出さなければならない」ではなく「大会に勝つためにアイデアを出したい」になっているのがポイントでしょうか。こうなると、意識的に日常業務の中で「何かいいアイデアはないか」と探し始めます。

心理学で**「カラーバス効果」**という言葉があるのをご存知でしょうか。「赤を意識すると、赤いものが目につくようになる」というものです。先ほどの話は、まさにカラーバス効果が働いて「大会に勝つための良いアイデアはないか」と日々の仕事の中でアイデアを探すようになっているということです。

そして、実際にアイデアが浮かんだら、プロトタイプを作ってみたり、他者に話してみて意見を求めたり、といった動きをしていきます。一般の企業では「こんなものがあったらいいな。でも会社は買ってくれないしな」とか「誰かがやってくれないかな」といった発想に陥りがちではないでしょうか。しかし、そんなことではいつまで経っても状況は変わりませんし、自身の成長も期待できません。自ら行動を起こし、まず試してみることが重要なのです。

私たちがやれることはまだまだあります。よく「人間は脳の力を数%しか使っていない」と言われますが、これは行動やアイデアでも同じことです。まずは「自分がやっていることなんて、まだまだやれることの数%にすぎない」という前提に立たなければなりません。そのうえで、**「やれることがあるはずだとしたら、どうやってやるか」**というロジックで考えていくクセをつけるべきなのです。

完璧より完了を目指せ

「やれることはまだまだたくさんあるはず」という前提を理解したうえで行動をしていくわけですが、具体的にどのように行動をしていけばいいのかといえば〝拙速〟、つまり「拙くとも速い行動」です。トヨタの現場では昔から**「巧遅より拙速」**という思想が浸透していました。これは、トヨタ自動車の創業者である豊田喜一郎氏の考えに基づくものです。

豊田喜一郎氏は次のような言葉を発しています。

「議論を先にすることをやめた」

どのような場面でこの言葉が出てきたかというと、何か新しいことをする時に、最初に議論をしてみたけれども、そこで出た結論の通りやっても上手くいかなかったのだそうです。そこで、まずは行動をしてみたところ、最終的に良い結果を出すことができた、ということです。

「机上の空論」という言葉もありますが、机の上であれこれ言っていても、いざやってみたら違う結果が見えてくることは往々にしてあるものです。「巧遅」という言葉をよく考えてみると、日本企業では、「巧みに遅い」という状況が蔓延しているように思います。例えば、1つのプロジェクトで会議ばかりを繰り返してなかなか形にならないとか、資料を作るにも細かい部分ばかりこだわってしまいなかなか完成しないなどは何度も見てきた光景です。

この国は完璧主義者が多いのでしょうか、あらゆる仕事はすべて100点を取らなくてはならないと思っているのでしょうか、本当に巧遅な状況を数多く見てきました。何が必要で何が必要でないかは、やってみないとわからないですし、頭の中で考えたところで完全には把握できません。あらゆる仕事ですべて100点を取らなくてはならないと考えているのであれば、それは自己満足にすぎないのではないでしょうか。そこには「考えれば答えが出せる」という前提があるようにも思えます。

はじめからそんなに能力の高い人はいないはず、と思います。そんな自己満足の「完璧」などは捨ててしまって、まずは「完了」させることを目指すべきではないでしょうか。

実際、拙速に動くことでのメリットは幾つもあります。1つは、**「すぐに修正ができる」**ということです。速く動いても拙いわけですから、当然ミスや間違いが発覚することは多々あります。しかし、速く動いた分それらをすぐに修正することができますので、正しいものができ上がりやすいというわけです。また、仕事に限らず**「自分自身の得手不得手がわかる」**ということもいえるでしょう。

最近は若年層から「自分に向いていることがわかりません」というような相談を受けることも増えてきました。しかし、そんな時こそ拙速で動くべきなのです。ほんの少しでも興味があることがあれば、まず動いてみる。〝百聞は一見にしかず〟ですから、やってみることで向いているのか向いていないのかがその時にわかるということです。人に意見を求めてばかりでなく、情報収集にばかり時間を費やすのでもなく、まずはできるかどうかやってみる、ということが最優先です。大切な事実として言えるのは、答えは1つではなく、理想の答えを作り出すのもまた自分の行動でしかないということです。

さらに、拙速によって一歩でも動き出すことで〝自分の中のエンジンがかかっていく〟という効果があります。心理学の用語で**「作業興奮」**というキーワードがあるのですが、とにかくなんでも作業を始めてみると、脳の「側坐核」という部分が刺激されてドーパミンという神経伝達物質が出てくるのだそうです。すると、いわゆる「やる気スイッチ」がカチッと入り、ますます行動が加速していくというわけです。

ですから、肝心なのは仕事の中のラクな部分からでもなんでもいいので**まず着手していくこと**です。どうしても意欲が湧かないことに手をつけなければいけない場合でも、まずはその仕事を分解して小さなところから始めてみるべきでしょう。フォードモーターの創業者であるヘンリー・フォード氏もこんなことを言っていました。**「小さな仕事に分ければ、どんなことも難しくはない」**と。

また、拙速は評価にも繋がります。自分の動きにスピードを持たせるだけでいいのですから難しいことではありません。一般的な上司は「完璧にやってくれる部下」を求めているのではなく「速く動く部下」を求めています。失敗したとしてもすぐに指示が出せるからです。

メールの返信が速い人は取引先などからも信頼が高くなっていきます。アポイントの調整を速く進められる人は、とても好印象です。世の中には残念ながらこういった動きが遅い人が多いように思いますが、その状況というのは逆にいえばチャンスです。ただ動きのスピードを上げるだけで周囲の目にとまり、信頼と好感を得ることができるわけですから。**スピードは、他者や他社との戦いに勝つ最高の武器だ**といえるでしょう。

拙速のメリットはまだあります。速く動くということは、前のめりになりますので負荷がかかるわけです。例えば、情報共有を先にしたり、方向性を最初に決めたり、面倒なことを先にやったりと作業的にも心理的にも負担があることを先に進めていくことになります。コンサルティングの業界ではこういった動きを**「フロントローディング」**と呼ぶそうですが、このように速く動くことで、それぞれのタスクに対して**「締め切り効果」**も生まれますし、心地良い緊張感も生まれます。その緊張感が自らを成長させることにも繋がっていくのです。

ちなみに、「描速」という字は「速い」という字を使いますが、「はやい」には**「速い」**と**「早い」**という漢字があります。これは、微妙に意味が違うものです。「速い」は、ある動作を完了するのに要する時間が短いことを指します。つまり、1つの仕事がとてもスピーディーであること。「早い」は、ある基準より時間・時期が前である、始まってからあまり時間が経っていないといった意味で使われます。「速い電車」といえばスピードが速い電車をイメージすると思いますが、「早い電車」というと始発電車のような朝早い時間帯の電車をイメージされるかと思います。

このように早さと速さは違うわけですが、「描速」という字を書きつつも行動としては両方の「はやさ」を持つべきだと考えます。つまり、**「人よりも先に動くこと（早さ）」**と**「スピーディーに仕事を進めていくこと（速さ）」**のどちらも意識すべきだということです。

状況が変わることや、上司からの指示を待っていてはいけません。成功の秘訣は、「まず動く」ということなのです。

ネジをしっかり締めろ、ではなくスマートに

すぐに行動することの重要性はご理解いただけたかと思いますが、とはいえ、無闇やたらと動いていいというわけではありません。私自身の講演などでも「巧遅より拙速」の話をさせていただくと「では、まずは何も考えずに動いてみます！」と鼻息荒く言ってくる方がいらっしゃいますが、何も考えずに動くというのはよろしくありません。では何をすべきかといえば、まずは**「やるべきことの分解」**から始めてみましょう。

例えば、車をお持ちの方であればご存知かと思いますが、自家用車には「車検」というものがあります。新車から3年後、以降は2年ごとに車の健康チェックを行い、検査に通らなければ公道を走ることができないのです。私がいたトヨタの現場でも、車検を通すための「車検整備」という仕事がありましたが、車検整備とひとくちに言ってもやることは1つではありません。ライトの確認、制動力の確認、オイル漏れなどの確認、などなど確

認項目が山のようにあるわけです。このように、〝車検〟という大きな「やるべきこと」をまず〝ライトの確認〟などの「具体的な行動」へと明確に分解していくことが重要になってきます。

また、分解と同時に重要になるのが**「目標設定」**です。会社組織に事業計画があるように、個人で動く場合でもある程度具体的な目標設定は必要になります。

象徴的な例でいえば、トヨタの現場では**「〝ネジをしっかり締めろ〟なんて言うなよ」**とよく囁かれていました。どういうことかというと、「しっかり締める」などという抽象的な表現では捉え方が異なるので個人差が出てしまうというわけです。実際にネジを締める時にどうするかといえば、トルクレンチという工具を使って**「105N・mで締める」**などと数値が決まっています。

ちなみに105N・mという力は普通車のホイールナットを締める数値です。ホイールナットを締める時に思いっきり締めてしまうと、ボルトが折れてしまう可能性があります。逆に緩すぎると、ナットが取れてしまう可能性があります。いずれもタイヤが外れて事故に繋がりかねない危険な状況です。そうならないように、トルクレンチという工具で決められた数値で締めているわけですが、これは個人の行動にも当てはまるということです。

個人の感覚でナットを締めようとするのではなく、まず目標を決め、次に、具体的に「いつ」「どこで」「どのように」その達成のために行動するかをはっきり決めていきましょう。これらの項目のベースになるのは、情報伝達の基本としても活用される「5W1H」です。「いつ（When）、どこで（Where）、誰が（Who）、何を（What）、なぜ（Why）、どのように（How）」という6つの要素ですね。ただここでは、自分自身がやっていくことが前提としてありますので、「誰が（Who）」ではなく「誰と（Whom）」と考えるとよいでしょう。目標によっては1人で取り組むこともありますが、誰と一緒にやるのか、どんな人たちが関わってきそうなのか、そういった点を考えるだけでも、達成に向けての行動の視野が広がり、選択肢が増えてきます。

設定する目標ですが、「目標はできるだけ高く持ちなさい」などと言われてきたかもしれません。しかし、日々の行動について目標を定めるのであれば、「行動力に繋がるかどうか」という判断軸で決めるのが正しい目標設定ではないかと思います。高い目標を立てることで行動力が上がる人は高い目標を立てればいいですし、高い目標を立てることでウンザリした気持ちになってしまう人はムリをして高い目標を立てる必要はないと思うのです。

ホイールナットを締める時には数値が決まっている、ということを書きましたが、数値目標も含め、目標設定というものはよく言われる**「SMARTの法則」**に沿って行うべきかと思います。「SMARTの法則」というのは目標設定のポイントを押さえたフレームワークで、「S」「M」「A」「R」「T」の5つの頭文字を取って作られています。それぞれの単語を解説していきましょう。

・S（Specific）……具体的である

これが先ほどから言っている「具体性」です。「しっかりやります！」とか「頑張ります！」というのは抽象的で曖昧な言葉ですから、実際に取り組む際に「えっと、何をどのくらいやればいいんだっけ……」となってしまいます。具体的にすることで、客観的に見た時に目標に向けて毎日取り組んでいる様子が把握しやすくなります。

・M（Measurable）……計測ができる

計測ができる、というのはまさに「結果が数字で計測できる」ということです。数字で計測すれば、達成したのか達成できなかったのか誰の目から見ても明らかです。ダイエットで「頑張ってやせます」と宣言するのではなく、具体的に「体重を70kgまで落とす」と宣言するようなものですね。

・A（Achievable）……現実的に達成可能である

これは、「現在の自分自身が努力をすることで現実的に達成できる」ということです。前述のダイエットを例に挙げると「現在75kgの体重を、3カ月以内で70kgに落とす」といった具合です。これが、体重80kgの人が「来週までに体重70kgにする」というのは、あまり現実的ではないと思います。現実的に達成が困難だと、はじめから気が滅入ってしまい、すぐに諦めてしまうものです。

・R（Result-oriented）……成果に基づいている

これは自分自身が本当に「達成したい」と思える成果を目標にするべきだということです。周囲から強制された目標を設定していたり、ただ漠然と目指したりしているだけでは達成することが困難になります。またダイエットの例でいえば、「結婚式までにドレスが入るようにするため5kgやせたい」ならいいのですが、「なんとなくやせたらモテそう」などといった理由だと目標が絵に描いた餅になる可能性が高くなってしまいます。自分が本当に欲しい明確な成果を目標として設定すべきです。

・T（Time-bound）……期限が明確である

これは前述している通り「いつまでにこの目標を達成するのかが明確である」ということです。「3カ月後の旅行までに」とか「○月○日の結婚式までに」などと日付を決める点が重要です。「近いうちに」や「なるべく早く」などと曖昧にしてしまうと、目標達成は難しくなってしまうでしょう。

以上が目標設定の際に押さえておくべき「SMART」です。文字通り〝スマート〟に目標を設定して、スムーズに動き出せる人になりたいものですね。

適当にわかったと言うな、わかったということは実行することだ

誰しもが「わかった」という言葉を口にしたことがあると思います。上司から新しい仕事の説明を受けた時や、作業指示を受けた時、相槌としていとも簡単に「わかりました」などと答えたりするでしょう。しかし、トヨタの現場ではこの「わかった」の基準が違いました。具体的には、「頭の中で理解した」というのが「わかった」ではなく、**「行動に移せる」**というのが「わかった」なのです。

厳しい言い方をすれば、自分ができもしないのに「わかった」などと言うな、というわけです。この文脈には、様々な意味が込められています。

まず、**〝自らの基準を高めていくことが成長〟**だと言えると思います。誰しも子供の頃はできないことだらけでしたよね。歩けなかった子が歩けるようになったり、鉄棒のできな

かった子が逆上がりをできるようになったりしていきます。そしてそれを私たちは「成長」と呼んでいます。

これは大人になっても同じことで、できないことができるようになるからこそ「成長した」と言えるはずです。しかし、世の中にはできもしないのに頭の中で適当にイメージしてなんとなく「わかった」と安易に口にしてしまう人が多いのです。なんでもかんでも「わかった」などと口にしていると、そのたびに思考が停止してしまい、脳が退化してしまうのではないかと思います。

また別の角度から見ても、わかっていないのに「わかった」と言うことは非常に危険な行為といえます。わかっていないのに「わかった」と言うことは〝**素直ではない**〟とも言えるからです。

わからなければ「わからない」と謙虚に積極的に教えを乞うのが「素直さ」です。しかし、多くの人が「できないと思われたくない」とか「年下に質問をするなんてプライドが許さない」とか「これぐらい自分でなんとか調べてみせる」などとくだらないプライドから適当に「わかりました」と答えて自らの成長チャンスを逃していないでしょうか。

私自身も新人の頃、先輩から難易度の高い作業指示を命じられた時、「いや、その作業は自分にはできないと思います」などと、雰囲気で口にしてしまったことがありました。すると先輩からすぐに「やってみてから言え！」と叱られたのです。これはいま思えば至極真っ当な話です。一方で、実際にやってみて失敗してしまった際には、叱ってくるのではなく失敗の真因や対策を一緒に考えてくれたのです。そんなことを繰り返す中で、次第に失敗への恐怖心がなくなって、自信が持てるようになっていきました。

仕事で失敗をしてしまうのは、誰しも怖いかもしれません。しかし、**はじめから「わかった」などと口にして自らの成長を阻害してしまうことのほうがよっぽど怖いことです。わからなければ、わからないなりにとにかく素直に行動をしてみることです**。行動することで、景色が変わって様々なことが見えてくるはずです。

いままで様々な業種で仕事をしてきた中でも、安易に「わかった」と口にする人は多いように思いました。やったことがないことなんて、わからなくて当たり前です。わからなければ聞けばいい。わからないことを聞くことは、決して恥ずかしいことではないですし、新しいことを知るチャンスです。頭の中の考え方1つではないかと思います。わからないことが見つかったら「これがわかるようになったら、また1つ自分は成長できるぞ」と考えれば、素直に聞けるし、物事に取り組めるはずです。結局、自分の体を動かすのは、自分の心の持ちようだということですね。

ギリシャの哲学者であるソクラテスの有名な言葉に**「無知の知」**というものがあります。ソクラテスが、「知恵者」と評判で自分はなんでも知っているという人物と対話をした際に、「自分の知識は完全ではない」ということに気がつきます。それは、「無知であることを知っている」という点において、この相手よりわずかに優れていると考えたわけです。

また、論語にも**「これを知るをこれを知るとなし、知らざるを知らずとなす、これ知るなり」**という同様の意味を持つ言葉が記されています。どの世界でも、どの時代でも、わからないということは武器だということなのでしょう。

「わかる」か「わからない」かよりも大事なのは、「やる」か「やらない」かです。京都府に本社を置く日本の代表的な電気機器製造会社に「日本電産」があります。創業者の永守重信氏が民家にある小さなプレハブ小屋で誕生させた会社でしたが、現在では連結売上高1兆円以上、世界で12万人以上の従業員を抱える電子部品帝国に変貌を遂げました。そんな日本電産でモットーになっているのが**「すぐやる」「必ずやる」「できるまでやる」**という言葉です。

「すぐやる」はスピードを指しているといいます。そして**「必ずやる」「できるまでやる」は徹底することを**意味しているそうです。スピードと徹底という企業カルチャーを身に付けた会社は強い、ということを日本電産は身をもって証明しているように思います。

ではなぜ、そこまでスピードを重視しているのでしょうか。それはおそらく、行動をしないと何も始まらないからでしょう。**やってみて悪ければ、元に戻せばいい**のです。最初に簡単な行動を進めておいて、より根本的な行動はその後にすればいい。いちいち立ち止まって熟考していたら、その間に状況はどんどん変化してしまい、せっかく練り上げた計画も現状と合わなくなっているかもしれません。

大きな成長を遂げる企業もやはり、「わからない」ことよりも「やる」ということを重視しているというわけですね。

動くためにも現場に行きなさい

すぐに動き出せる人になるために何をしないといけないかというと、「現場」に行かなければなりません。「動くために現場に行く」というと、なんだか一休さんのトンチのようにも聞こえますが、〝現場に行くからこそ行動に繋がる〟というのはトヨタの現場においても古くから言われていることです。

トヨタには昔から「三現主義」という言葉があります。三現とは、現地・現物・現実のことであり、「現地に行って、現物を見て、現実を知りなさい」ということです。この考えはまさにトヨタの現場にしみ込んでいるDNAともいえるでしょう。会議室であれこれと考えるよりも、まず現地に赴いて、現物を確認し、現実を認識することが何よりも重要だという考え方です。まず現場に行くことこそがすべての思考の出発点となるべきだ、というわけです。

この考え方自体はもはやトヨタに限らず、ホンダや花王などのメーカー系企業でも共通した思考になっていますが、トヨタの現場で働いていると、まさに三現主義を実感することが多々ありました。例えばある日、お客様から「車の下にポタポタと何かが垂れたシミがある。オイルのように見えるが大丈夫か」と電話がかかってきました。一般的な整備工場では、「では確認しますので車を持ってきてください」と言われるわけです。しかし、お客様が言う通り本当にオイルが漏れているとしたら、車を走らせるわけにはいきません。まずは現場に行って確かめる必要があるのです。

お客様の車が停まっている駐車場でこのような確認を行ったのは一度や二度ではありませんでした。実際、本当にオイルが漏れていて危ないこともあれば、オイルキャップが外れて噴き出していただけだったり、エアコンを使った際の水滴だったりしたこともあります。しかし、まず現場に行かなければこういったことはわからないわけです。

また、三現主義を意識することでのメリットは数多くあります。「まず現場」と考えると何が起きるかといえば、視野が広がっていきます。視野が広がって見えるものが増えると関心も強まっていきますので、**結果的に行動したくなってくる**ものなのです。さらに、視野が広がることで**自らの置かれている状況を客観視できる**ようになります。そうすることで**判断の精度が上がっていく**とも言えるかもしれません。ですから、行動を誤っている人は視野が狭いとも言えるのです。

ちなみに、行動力が足りない人の特徴をつけ加えると三現主義とは対象的に**「三無主義」**と言えるかもしれません。三無というのは、無知・無視・無関心の3つです。**知らないから動けない、知らないフリをして動かない、関心がないから動かない**。これではいつまで経っても行動に繋がるはずもありません。まずは現場に行くべきでしょう。

何か新しいことをやろうとする時や企画を考える時に、机の前でじっとインスピレーションが浮かぶのを待っていてはいけません。**最も優れたアイデアは、常に作業をする過程で生まれるもの**です。だからこそ現場に行く必要があるのです。

この数年は「情報爆発時代」と言われています。手元のスマホからタップをすれば、簡単にあらゆる情報にアクセスすることができます。情報が簡単に手に入る時代だからこそ、現場というものが重要性を増しているように思います。簡単に情報が手に入るということは、誰でも同じ情報を手にするということです。人と同じ情報を手にして、人と同じことをしていては、同じ結果しか出すことができません。**周囲との差別化をする**という意味でも現場の情報が意味を持ってくるのです。

また、情報を共有するという意味においてデジタルは非常に便利ではあるのですが、新しく行動を起こすとかイノベーションを起こすということになると、デジタルでいままでの情報だけ見ていては難しいものがあります。会社や組織を動かしているのは、すべて「現場」です。どんなに優秀な経営者であろうと、どんなに優れた経営戦略であろうと、現場を動かせなければ何も実行されません。会議室で何を言おうとも、それはあくまで〝仮説〟にすぎないのです。**仮説は検証しなければなりません**ので、現場を見る動きがなければ企業の業績や品質は成長に向かっていきません。

私自身これまで本を7冊以上書いてきましたので、たまにですが「私も本を書きたいのですが」などと相談を受けることがあります。そんな時、例えば「リーダーシップ」に関する本を書きたいという人がいらっしゃったら、「じゃあ書店の棚でいまどんなリーダーシップ本が多いでしょうか？」と聞いてみることにしています。すると、「それはちょっとわかりません……」と答えられない人が結構多かったりするのです。本を出したいということはいずれ書店の棚に並ぶわけですから、〝現場〟である「書店の棚」は必ず見ておかなければならないはずなのですが、現場に行っていないわけです。これでは、よほどのことがなければ売れないのではないかと思いますし、このような動きはあらゆることに当てはまるのではないでしょうか。

何かお店を開業しようとする場合なら、その土地のことを知らないといけませんよね。子供向けのサービスを始めるなら、子供が遊んでいるところを見ないといけません。経営者が経営数値の改善をしたいという場合も同じでしょう。実際に数字を作り出すのは営業であり工場であるわけですから、そこに足を向けずに会議室や自席だけでウンウンと頭を抱えていても、良い改善案なんて浮かびようがありません。**現場を見たうえで思考を重ねていくべき**なのです。

ただ、勘違いしないでいただきたいのですが、なんでもかんでも現場に行けばよいというわけでもありません。在宅ワークも盛んになってきていますし、ＩＴ活用も進んでいます。もちろん、現場に行かずとも得られる情報は積極的に得るべきですし、資料などは会社で読まずとも家に持って帰ることができるわけです。しかし、現場は家に持って帰ることができません。やはりその場所に見に行くしかないのです。つまるところ**「現場でしか**

得られない情報を、現場に行って自分の目で確かめるべきだ」ということです。資料の統計データだけを見るだけではダメで、現場を肌で感じ「なぜそのような統計データになっているのか」といった背景を見なければいけないのです。

突き詰めて考えていくと、何かインスピレーションを得ようとするなら、「本」と「現場」と「人」なのではないかと思います。本は先人の経験だったりします。そこからインスピレーションが得られることは大いにあるでしょう（この本が皆さんのインスピレーションに影響すればよいのですが）。そして現場です。現物を自分の目で見ることで新たな気づきが得られたり、感覚を知ることができたりします。そして実際に様々な現場に携わっている人からの生の声を得ることで、新たな刺激を得ることもあるはずです。以上のことから、**現場に加えて「本」と「人」からも情報を得る**ようにすれば、行動力は格段に向上するのではないかと考えます。

行動するための仕組みを作れ

「行動しなきゃいけない」とわかってはいても行動できない人は多いかと思います。そういった時に、「どうにかして動く気にならないと……」と内発的な力に期待するのではなく、**〝環境によって行動を整える〟**という考え方も大事です。

トヨタの現場では、「標準化」や「仕組み化」といった言葉が普段から多用されていました。「標準化」というのは、例えば手順書作成などがそれに該当します。「新しいやり方」を「当たり前」の状態へと定着させていくことですね。標準化が徹底されると、いままで頭を使ってやっていたことが当たり前のようにできるようになるわけです。

ポイントとしては、人の動きではなくて仕事の流れに合わせてすべての作業を標準化していきます。標準化というのは手順書作成などが該当すると書きましたが、そこだけを切り取ると「マニュアル通りにしか動かないマニュアル人間」を育てるかのように思われがちです。しかし、実際には**「マニュアルでできるものはどんどんマニュアル化し、空いた時間で新しいことを考える」**という動きをしているのです。

昨今では成果主義が新たに着目されています。生産性を高めるためにも、時間ばかりかけるのではなくて成果にフォーカスするというわけです。この流れ自体は悪くないと思いますが、仕組みを作ったり標準化を徹底したりせずに成果主義を導入しても、それぞれが個人の思いつきで動いてしまい統率がとれない組織になってしまいます。また、新しく来た人は、何をどうやっていいのかわからず精神的に追い込まれてしまったりもします。ですから、まずは最低限の仕事については標準化していかなければなりません。

また、「仕組み化」というのはなんらかの仕組みを用意して行動を促していくものです。とはいえ、知識や理論によってシステムを作ったり、なんでもいいから仕組みを持ってきてはめ込んだりということではありません。トヨタでは、**「現場のアイデアや経験をもとにした仕組み」**を作って、その仕組みに沿って仕事を進めています。

では具体的に、行動するための仕組みというものを紹介していきましょう。まずは「プロセスを分解する」という仕組みです。「ネジをしっかり締めろ、ではなくスマートに」のところでも「大きな〝やるべきこと〟をまず〝具体的な行動〟へと明確に分解していく」と説明しましたが、これがまさに仕組み化です。

多くの人はやるべきことを抽象的に捉えているように思います。ですから、**「具体的には何をすべきか」**と分解していくべきなのです。1つ1つの動きを明確に、シンプルにするというのが行動を促すための原則といってもいいでしょう。これは俗称として**「ベイビーステップ」**とも呼ばれています。やるべきことを分解し、1つ1つのハードルを思いっきり下げるというわけです。例えば「毎朝ジョギングをする」という行動計画を立てても、なかなか続かない人は多くいます。ジョギングという動きの単位が大きすぎるのです。そうではなく「毎朝起きたらまずトレーニングウエアに着替える」「ジョギングシューズを履く」という風に、ジョギングのプロセスを分解して小さな一歩を決めていくのです。

実際、トヨタの現場でも「エンジンを交換する」というと非常に大きな作業でしたが、すべてのプロセスが分解され、先輩からの指示としては「まずはエンジンオイルを抜いて」

などベイビーステップで出されていました。小さなハードルを1つ1つクリアしながら、最終的には大きな行動を起こせるようになっていく、というわけです。

このように、1つの大きな行動は「分解する」のですが、複数の作業や大きな課題を前にすると行動できない、という場合もあるでしょう。そんな時は**「リスト化」**を図ってみましょう。特に現代のビジネスでは業務が複雑化しています。リスト化は、複雑化した仕事に対しやるべきことをしっかりこなしつつ、心にゆとりを持って最大限の効率で進めていく仕組みともいえるでしょう。大きな課題や複雑な行動計画は、次のような順序でリスト化していきます。

①メモ……作業において気になること、新たな仕事で気になることをとにかくメモする

②見極め……集めた「気になること」のメモを見ながら、実際に何をすべきかを見極める

③整理……見極めたことが、すぐに把握できるよう、いつでも行動できるよう、整理してまとめておく

④選択……優先順位などを考慮して最適な行動を選択し、実行していく

特に肝になるのが①の「メモ」と②の「見極め」ではないでしょうか。日々あらゆる雑務に追われる中で、課題を把握していなかったり、見て見ぬふりをしていたりで行動に移せないという方が多いように思います。まず「メモ」の段階では少しでも気になっていることをとにかく書き連ねていくことが大事です。「何とかしないといけない」という頭の中に溜まっているアイデアや、もやもやとしたものをとにかく書いていくのです。こういった頭の中にあるものを吐き出す行為は**「マインドスイープ」**とも呼ばれますが、マインドスイープをすべてメモしていくところがポイントになります。

そしてそのメモをそのまま行動に移していくのではなく、いったん冷静に見極めます。「これを本当にやるべきか」「実際にやるとしたら何から手をつけるべきか」を考えるのです。そして取捨選択をして優先順位をつけたうえで実際に行動に移していく。そんなリストを常に手元に置いておくというのも1つの仕組みです。

「プロセスの分解」にしても「リスト化」にしても、何をするかといえば要は**「間違ったことはやりにくく、正しいことをやりやすくする」**ということです。ミスをしてしまうと、その復旧に時間を費やしてしまいます。また、正しい手順の作業であっても時間ばかりがかかってしまうのもよくありません。正しいことをやりやすくして、時間を生み出します。そして、生み出した時間を「頭を使う仕事」に割いていくことが重要なのです。

正しいことをやりやすくするためには「やるぞ」という意志の力だけでなく、ジャッキアップのように**最小の力で最大の効果を出すこと**も大切です。1の労力・時間を費やして1の成果を上げるのと、1の労力・時間を費やして10の成果を上げるのとでは、後者のほうが望ましいのは明らかです。最小の力で最大の効果が出せるようになるためにも、自分たちの仕事を仕組み化していくことは重要なポイントになっていくのです。

野球のメジャーリーグで多くの記録を打ち立てながら活躍を続けている選手といえばイチローです。そのイチロー選手がいつも打席に入る時に同じ動作をするのは有名でしょう。打席に入る前に軽く屈伸し、バッターボックスに立てばバットを半回転させてセンター方向に垂直に立てます。そしてユニフォームの右そでをまくるような仕草をし、またバットを半回転させて構えます。

このように集中力を高め、気合いを入れるための儀式を行うことも、1つの「仕組み」といえるでしょう。この仕組みによって行動のスイッチを入れて、いつも通りの結果を狙っているというわけです。皆さんも、自分なりの**「結果に繋がるスイッチ」**を考えて、設定してみましょう。

時には負荷をかけてみよう

新しい動きを続けていくと、それが「当たり前」になっていきます。この「当たり前になる」というのは、良い面もありますが、悪い面もあります。悪い面というのは、新しい発想ができなくなるということです。「このやり方でいい」と動きが固定してくると、思考も凝り固まってしまい、新しい発想が起こりにくい環境になってしまいます。そんな時にどうするかというと、トヨタの現場では**「非常識な目標を立てろ」**と言われています。

「非常識な目標」というのは何かというと、通常では設定しない大きな数値目標です。例えば、普段は10万円前後の売上目標を掲げている小さなお店で100万円の目標を設定してみる、ですとか、普段は5件のアポイントを目標にしている営業活動で50件の目標を設定してみる、などです。いつも設定している目標値の何倍もの数値設定を行うのです。

こういった動きをすることで何が起きるかというと、**「思考の飛躍」**です。いままでは10%アップとか20%アップなどといった目標にヒイヒイ言っていたかもしれませんが、それはいままでの考え方の枠内でしか思考を働かせていなかったせいかもしれません。非常識な目標を設定してみると、いままでのやり方、考え方では到底目標に届かないことに気がつきます。そこで、「ゼロから考えなければ」「前提から組み立て直してみよう」といった思考回路が動き出すのです。

実際、トヨタの店舗でも同じような場面が何度もありました。例えば、ショールームでは月に一度「イベント」が開催されます。決算が近ければ「決算フェア」などと銘打って、プレゼント企画などを用意してお客様に来場してもらうのです。そして当然ながら毎月のように「集客目標」が設定されていました。そこではほとんどが「前月比10%増」などの目標が掲げられるのですが、そのための施策として「プレゼントの内容を変える」とか「催し物を違うものにしてみる」といったことが検討されていました。しかし、ある時に店長から「来月の集客目標は今月の2倍の数字にしてみよう」という話が出ました。一瞬、その場の空気が止まったかと思うとすぐに「2倍にするならどうしたらよいか」ということを全員が考え始めました。すると、「プレゼントの種類や催し物の内容について考えていても仕方ないのではないか」という議論になり、やがて「フェア自体の概念を変えてしまおう」「来月は夏祭りのシーズンだから、フェアではなく夏祭りを開催することにしよう」などとアイデアが膨らんでいきました。そうして企画の話は膨らんでいき、店舗全体で夏祭りを開催することになり、いままでにないほど多くのお客様に足を運んでいただけたというわけです。

これは、従来までの「プレゼントの内容をどうするか」とか「別の催し物で何か良いものはないか」といった考え方の延長では出てくることがない発想でした。しかし、多くの人は「これまでのやり方」や「過去の常識」に捉われてしまいます。**自分たちで勝手に描いた常識の範囲内でしか、物事を考えなくなってしまうもの**です。ですから、それを一度ひっくり返してゼロベースで考え直すためにも、時に非常識な目標を設定して行動を改めるということが必要になるのだと考えます。

そしてこれは思考をリセットするという意味だけでなく、「負荷をかける」という意味の動きでもあります。いままでと同じやり方で同じ目標をこなすだけなら何も考えずに手を動かすだけでできますから、特に負荷はかかりません。ただ、非常識な目標が課せられると、それは大きな負荷となり、ものすごく頭を使って知恵を絞らなければいけません。昨今は「働き方改革」の名のもとに仕事で負荷をかけるということが疎まれるような時代になってしまいましたが、誰しも仕事をする中で**脳みそをフル回転させなければいけないような負荷は経験する必要があるのではないか**と思います。

筋肉をつけようと思ったら誰しも腕や脚に負荷をかける必要があります。「加圧トレーニング」というのをご存知でしょうか。脚や腕の付け根にベルトなどを巻いて圧力をかけながらトレーニングをする手法です。加圧トレーニングを行うと、筋肉にある筋繊維の動員率が高まるだけでなく、一時的な酸素不足となることで血液中の乳酸濃度が急激に上昇するのだそうです。加圧時に高まった乳酸が筋肉内にある受容体を刺激し、脳下垂体から成長ホルモンの分泌を促進させるのだといいます。

それと同じで、時に自分の目標設定には負荷をかけることが重要であり、そうすることでビジネスにおける成長ホルモンも分泌されるのではないかと考えます。ただそれは、長時間働かせるとか、恫喝して動かすというような身体的負荷や精神的負荷ではいけません。**目標設定でコントロールして思考的負荷をかけていく、**ということなのです。

また、大事なのは、非常識にせよ常識的にせよ、目標を設定した際に「それを達成した後に得られるもの」をポジティブに考えることです。ただの数値のみをゴールにしてしまうのではなく、**達成した後にどんな未来が待っているのか**まで想像するということです。

ただし、実際に行動する時には目標を達成するために必要なことを現実的に考えていくことが重要です。ずっと未来ばかり見ていて手元が疎かになってはいけません。少しわかりづらい考え方かと思いますが、京セラの創業者である稲盛和夫氏が「京セラフィロソフィ」の中でわかりやすく述べられていましたので引用させていただきます。

「楽観的に構想し、悲観的に計画し、楽観的に実行する」

まさに、新しいことを成し遂げるには、まず「こうありたい」という夢と希望を持って、超楽観的に目標を設定していくことが大切なのです。しかし、その目標を計画に落とし込んだ段階では、「これをなんとしてもやり遂げる」という強い意志を持って、時に悲観的な視点で構想を見つめ直し、起こりうるすべての問題を想定して対応策を慎重に考えていかなければなりません。そして実行段階においては、「必ずやってやる」という自信とともに、楽観的に明るく堂々と実行していくべきだということです。

当たり前のことを当たり前にやることで、お客様に支持される

トヨタの現場では、「当たり前のことを当たり前にやろう」ということをよく言われます。文字通り「当たり前」のような話ではありますが、実はとても重要な心がけではないかと思うのです。「当たり前」と言いながらも、当たり前のことを当たり前にやるというのは、非常に難しいことだからです。

まず、当たり前のこと、というのはどういう状態を指すのでしょうか。それをしっかり

と整理し、理解しなければなりません。会社が当たり前だと言っているレベルの仕事を、自分が当たり前だと思っていなかったら、当然ながら評価されません。ですから、まずは**自分の所属する会社や職位にとって何が当たり前なのかを理解すること**が必要です。そのうえで、それを当たり前に遂行しなければいけません。当たり前にやるようにするにはどうしたらよいかといえば、〝日課にしてしまう〟ということです。

ちゃんと行動をしてやりきる人というのは、**「意図的な日課」**を持っているものです。簡単な例で言えば、体重を管理している人なら朝起きてすぐに体重計に乗ります。資格取得に向けて勉強をしている人なら、1日何ページかの問題集を解きます。ご飯を食べたら歯を磨く、というのは幼稚園で学ぶことですが、まるで歯を磨くかのように毎日同じ時間に同じことをするわけです。もちろん、はじめのうちは「やるぞ」と意識しなければならないかもしれません。それでも、とにかく続けていくうちに体が勝手に動くようになるものです。

アメリカの心理学者であるウィリアム・ジェイムズ氏は、**「毎日何かをしようと思うたびに、着手する決心をしなければできない人ほど情けない人間はいない」**と言っています。

さすがに歯磨きをするたびに「よし、やるぞ！」と毎日意識している人はいないと思います。ただ、思い返せば私たちが歯を磨けるようになったのは、親に毎日繰り返し促され続けた結果だと思います。実際、5歳になる私の娘にも、いままさに歯磨きの習慣を身に付けさせるべく毎日行動を促しています。ですから、はじめのうちは強く意識しなければいけません。しかし、とにかく繰り返すことで「当たり前」に定着していくというわけです。ですから、ここで重要なキーワードは**「継続」**だということです。

では、どうしたら「当たり前」になるまで「継続」できるようになるでしょうか。継続するための行動には**「増やす行動」**と**「減らす行動」**の2つがあると考えられます。「増やす行動」というのは、これから始めようとしていてもなかなかできないでいる行動です。行動を増やそうとする時には2つのハードルがあります。

1つは、すぐに成果を確認できないことです。「その行動を続けることで何が得られるのか」を意識しなければ、行動を増やすのが億劫になってしまいます。

そしてもう1つは、邪魔が入ってしまうことです。例えば資格試験の勉強をしようと考えているのに、ついテレビを見てしまったり、漫画を読んでしまったり、ネットサーフィンをしてしまったり、というのは誰もが経験があるでしょう。強い動機を持ち続けなければば、こういった邪魔なものについ流されてしまうものなのです。

行動を増やそうとする時にこの2つのハードルを越えるコツは、次の3点です。

①行動の補助を作る
②動機づけの条件を作る
③行動のハードルを低くする

例えば、資格試験の勉強を続けようとする時に、この3つのコツを適用してみましょう。まずは、「行動の補助を作る」ために、勉強道具一式をすぐに出せる状態にしておきます。そして、「動機づけの条件を作る」ために何かご褒美を用意します。勉強の進捗が確認できる状態にしておいて、一定ページをクリアするたびにご褒美が得られるのです。さらに、「行動のハードルを低くする」ために、勉強をする環境として余計な邪魔が入らない場所を選んでいく、といった感じです。

同じように、継続するための「減らす行動」についても考えてみましょう。減らす行動というのは、やめようとしてもなかなかできない行動のことです。健康のためにタバコをやめたい、翌日の仕事に響くのでお酒を控えたい、など将来的に自分にデメリットをもたらすことがわかってはいるのに、どうしてもやめられない行動です。

行動を減らす時のコツは、増やす時の逆になります。

① 行動の補助を取り除く
② 動機づけの条件を取り除く
③ 行動のハードルを高くする

例えば、禁煙をしたい時にこの3つのコツを適用してみましょう。まず「行動の補助を取り除く」ために、タバコ自体や灰皿を捨ててしまいましょう。そして、「動機づけの条件を取り除く」ためタバコを吸うきっかけとなっていた行動をやめます。コーヒーを飲むこととか喫煙席のあるお店に行くことなどです。さらに、ガムを噛むとか飴を舐めるなど、喫煙行為に代わる行動にシフトしてもよいでしょう。さらに、「行動のハードルを高くする」ために、ライターを押し入れの奥に片づけるとか、自宅を全面禁煙にするなど、喫煙という行為自体を面倒くさいものにしてしまいます。私も以前はヘビースモーカーでしたが、この考え方に沿ってあっさりとやめることができました。

こういったコツを押さえながら行動することで、やめたい行動をやめることができ、やりたい行動を定着させることができます。そして当たり前にやるべきことが自分自身に定着していくと、成長にも繋がっていくというわけです。

これはアスリートなどに顕著だと思います。例えば、先ほども例に挙げた日本人メジャーリーガーのイチロー選手。イチロー選手が第一線であれだけ活躍し続けているのは、誰も知らない特別なトレーニングをやっているからではありません。誰でもできることを誰もができないほどの量を継続したから、結果を出し続けているといえるでしょう。

人は誰しも安易に結果を求めてしまいます。ただ、結果を出している人は決して安易に結果を出せたわけではなく、**当たり前のことを当たり前のようにやり続けているだけ**なのです。

まとめ

成功の秘訣は「まず動く」ということ

目標設定は「SMARTの法則」で

行動はメモ、見極め、整理、選択でリスト化する

第2章

Action2
【振る舞い】

〈例文〉

Action *speak louder than words.*

→**行為**は言葉よりも雄弁である

結果を出す人は仕事でどのように振る舞っているのか

勤務時間の長さや忙しさは、「働いている気」にさせるだけ

Actionという単語には「振る舞い」という意味も含まれています。では、結果を出す人は仕事でどのように振る舞っているのでしょうか。この章では成果に繋がる仕事での振る舞いについて言及していきたいと思います。

あなたの職場では、いつも忙しそうにしている人や「時間がない」を口癖にしている人はいないでしょうか。連夜の残業や休日出勤もいとわず、残業時間の長さを1つの指針にしてしまっている上司はいないでしょうか。近年、「働き方改革」が叫ばれて久しいですが、日本ではまだまだ「長く働くことが美徳」という企業が多く存在しているように感じます。

しかし、「長時間働くこと」イコール「バリバリ仕事をしている」と考えること自体が大

きな勘違いといえるでしょう。遅くまで働いて悦に入《い》るなどというのはただの自己満足にすぎないのです。
「私はバリバリ仕事をしている」とか「僕は頑張っています」と自負する方にお聞きしたいのですが、「それは何を基準に言っているのですか？」ということです。これは別に意地悪で聞いているわけではなく、トヨタの現場では**「頑張る」ということの基準**について日々問われていました。

私も新人の頃、慣れない作業でたくさん汗をかいて、休憩室で冷たいジュースを飲みながら同期のメンバーに向かって「いやぁ、頑張ったわ俺」などと言っていました。汗でびしょびしょになったツナギを見ながら、同期のメンバーやパートのおばさんたちも「頑張ってるねぇ」などと褒めてくれたものです。しかし、たまたま通りがかった先輩からは**「お前、何を頑張ったって言ってんの？ 作業まだ遅いんだけど」**などと指摘されました。はじめはいわゆる先輩の「いびり」のようなものかと思っていたのですが、それは全く違う解釈だったということに後になって気がつきます。

かいた汗の量や、チャレンジ自体に何かの価値があると思い込むのは大間違いなのです。

頑張っているプロセスなど評価の対象ではありません。出した結果がすべてです。**勤勉さも努力も、結果に繋がらなければ意味がありません**から、先輩の言う「作業が遅い」という指摘は当然のことだったのです。同じ作業をするのであれば汗を多くかくのではなく、速度を速めなければなりません。

ではなぜ人は新人の頃の私のように、努力している時間量や汗をかいた量などのプロセスにフォーカスしてしまうのか考えてみると、学校教育で刷り込まれた精神に問題があるのではないかと思います。誰しも学生時代は「遅くまで勉強している」だとか「参考書を何冊やった」「朝から部活で汗を流している」など「結果より努力が大事」という教育を受けてきたと思います。これは世の中に価値を生み出す前の学生という立場だからまだ良かったのかもしれませんが、社会に出るとそうはいきません。どんなに汗をかこうが、努力を重ねようが、**結果を出せなければ会社は困窮してしまい、いずれは倒産せざるをえなくなってしまいます。**そうなると、苦労するのは結局のところ自分自身なのです。

では、「頑張る」というのをどう定義すべきでしょうか。「頑張る」という行為は、前述した通り大前提として成果に繋がらなければなりません。成果に繋げるには、何が成果に繋がるのかを判断し、その部分に注力していかなければならないはずです。ですから、まず**何が成果に繋がるのか、どうしたら成果を最大化させることができるのかを判断するためにも、あらゆる「仮説」を立てること**に力を入れるべきでしょう。そのためにも、少し仕事の手を休めて自分の動きをじっと振り返る必要があります。効果が低いことばかりに必死になってしまってはいないでしょうか。重要でないことに大切なエネルギーを注いでいないでしょうか。**意味のないことに利用価値の高い「時間」を使ってしまうほど愚かなことはない**のです。

仕事の手を休めて自分の動きを振り返りましょう、と言うと「仕事が忙しいので、そんなことをする時間なんてありません」という人がいらっしゃいますが、その考え方自体が根本的に間違っているのです。「そんなことをする時間がない」というのは、「仕事が忙しい」からではなくて、自分で**「それらの仕事を最優先にする」と選択した結果**ではないでしょうか。それらの選択をしたのは自分自身ですから、それによって何もできなくなっているということは、**「自身の判断ミス」**ではないでしょうか。忙しいのに成果に結びついていかないのであれば、自分自身が生産的に働けているのかどうか、やはり自問しなければならないのです。

成果に繋がる部分に注力して成果を上げるうえで、何かアドバイスを提示するとしたら**「楽しく、気持ち良く仕事を進めていく」**ということが挙げられます。「なんだ、そんなことか」と思われるかもしれませんが、実はとても重要なことです。同じ仕事をするのでも、楽しくやっている人、気持ち良くやっている人はより成果を出し続けることができるのです。では、個人レベルでどのように「楽しく、気持ち良く」やるかといったら、1つの案として**「道具に頼る」**というのはどうでしょうか。

どんな業種でも、仕事を進める際にはなんらかの道具を使うケースが多いと思います。トヨタの整備士でいえば工具、美容師でいえばハサミなどがそれに該当します。知識を武器に戦うコンサルタントであっても、メモ帳やバッグ、靴やスーツなども道具といえるでしょう。

私がやっていた整備士を例に挙げると、道具である工具は会社から支給されていました。しかし、仕事のできる整備士ほど、自分自身で最高級のブランドのものを少しずつ買い揃えていたのです。それは何も自身の見栄のためではありません。最高級の道具が仕事の成果に繋がることを実感していたからです。最高級の工具は非常に精密に作られており、ネジやボルトといった部品とコンマ数㎜単位でしっかりと密着します。そのため、ネジやボルトを壊してしまうこともありませんし、少ない力で効率的に作業が進みます。すると、仕事をしていても気持ちがいいですし、作業がサクサクと進むので楽しいのです。

これは、サッカー選手でいえば、市販のサッカーシューズでプレイするのか、自分にぴったりフィットした最軽量で最高水準のサッカーシューズでプレイするのか、といった違いになるでしょうか。同じ試合時間の中でもどちらが良いプレイができるか、言わずもがなですね。では**皆さん自身における最高水準のサッカーシューズとはなんなのか**、それを考えるべきでしょう。

時間の量ではなく時間の質を考える。時間あたりの質を高めるために何をすべきかを常に考える。そんな振る舞いができる人が、これからの時代には必要になっていくと考えます。「長時間延々と働く」ことを前提とする仕事というのは、代わりとなる人材の採用が簡単だったりしますし、今後はますますＡＩに置き換えられてしまうのではないでしょうか。

運もツキも、迎え入れられる体制が整えられているかが大事だ

皆さんは〝運がいい〟と感じることはあるでしょうか？

ビジネスの成功者に話を聞くと、決まって「私はただ、運が良かっただけです」という言葉を口にされます。おそらく生きていくうえでは、「運がいい」とか「ツイている」という要素も重要なのでしょう。その点に関してトヨタの現場の上司からは、実際**「運とかツキというのは、迎え入れられる体制が整えられているかが大事だ」**という話をよく聞かされていました。

〝迎え入れられる体制〟とは具体的に何を指しているのかというと、**「入念な準備をする」**ということです。成果を出すことがただの運頼みになってしまってはいけません。入念すぎるほどの準備をしたうえで、最後の最後に運が味方をしてくれるということなのです。

お店であれば、お客様に喜んでもらうための準備を入念にして初めて売り上げが上昇する。資格試験であれば、入念な勉強をして初めて合格することができる。当たり前のことではありますが、これはとても大事なことなのです。

私もトヨタ社内の「技能オリンピック」という大会に挑戦したことがありました。名前の通り様々な種目で技術を競う大会であり、年に一度、1日かけて実施されるものです。30歳前後のベテラン整備士が参加するのが一般的でしたが、私は最年少の24歳で大会に出場させていただきました。周りは大先輩ばかりですから、負けてしまったとしても「まだ若いから仕方ない」と周囲も納得してくれたはずです。

ただ、せっかく出場するのであれば最善を尽くそうと、入念な準備をして臨みました。具体的には、過去に出場したことのある別店舗の先輩に話を聞きに行き、過去にどのような種目があったのか、どのようなことに注意をしたらよいのか、などと情報収集をしました。そうして「オルタネーターの分解組み付け」や「ブレーキ調整」「エンジンのトラブルシューティング」など、想定されるありとあらゆる種目を洗い出したところで、練習をしていったのです。仕事が終わってから整備工場に残って想定種目の練習をしていきました。

また、休日には研修施設に足を運び、少しの時間だけでも練習をさせてもらったり、手が空いたトレーナーからアドバイスをもらったりしていました。可能な限りの準備をしていったところ、大会当日に多くのベテラン整備士に囲まれながらも落ち着いて臨むことができました。さらに、ほとんど想定していた種目が出たため、練習通りに体が動いていきました。

結果的に、私は最年少で優勝を果たすことができました。ほとんど練習していた内容の種目が出た、と書きましたから「運が良かった」と思う方もいるかもしれません。しかし、先輩や上司たちは私の入念な準備を見ていてくれました。**「原は体制が整っていたからこそ、運を引き寄せたんだな」**と言ってくださったのです。これは私の例ですが、他にも「準備をしたからこそ運が巡ってくる」という例はいくつもありましたから、上司から学んだこの教えは普遍的なものだろうと確信しています。

普遍的である理由として、アメリカの歴史上で最も偉大な政治家の1人といわれるベンジャミン・フランクリンの言葉にも、このようなものがあります。

「準備を怠ることは、失敗するための準備をするようなものだ」

これはまさに、準備の重要性を説いた言葉ではないでしょうか。自分が望むものがあるのなら、じっと見据えて準備を続けるのです。望むものから目をそらしてはいけません。サッカー選手がＰＫでボールを蹴る時は、誰しもゴールを決めたいはずですが、ボールから目を離す人は誰もいないのです。

では具体的にどのような準備を心がければよいのでしょうか。先の私の例では情報収集に励んだり、就業後や休日に練習に励んだりしたわけですが、１つ言えるのは、１日に30分でも15分でもいいから**「未来のために時間を使うべき」**だと考えます。多くの人は１日を「目の前の仕事をこなすこと」に費やしています。毎日がそれでは消耗するばかりで、準備どころではありません。意識的に枠を設け、枠内の一定の時間を未来のために使うのです。勉強の時間にするもよし、読書の時間にするもよし、とにかく「いま」だけではなく「未来」のための動きをするのです。これは当たり前のようにも思えますが、多くの人ができていないのですから、意識的にこの動きをするだけで差がついていくはずです。

実際、世界一の資産家となったマイクロソフトの創業者ビル・ゲイツ氏は、毎晩必ず１時間の読書時間を設けているそうです。仕事や会食でどんなに時間が遅くなったとしても、この時間だけは欠かさないといいますから、未来に向けた準備がどれだけ大事なのかおわかりかと思います。こういった準備をする人にだけ、運やツキは訪れるのです。

ただ、「運がいい」とか「ツイている」というのは個人の「感じ方」に左右される部分もあります。良いことが起きているのにそれに気がつかなければ意味がありません。ではどうしたら運がいいことやツイていることに気づけるかといえば、**「日常に起こることに敏感になるべき」**だと考えます。仕事をしていれば様々なことが起こります。その事象をただ受け流してしまうのではなく、小さな兆候も見逃さず些細な幸せをキャッチアップしていく。ただ漫然と事象を受け流すことなく**「これにはどんな意味があるのだろう」**と受け止めていくべきなのです。そうすることで、「運がいい」とか「ツイている」と感じることが自ずと増えていくはずです。

しかし、同じ事象が起きても「運が良かった」と感じる人もいれば、「嫌なことが起こった」と感じる人もいるでしょう。どうせなら「運がいい」とか「ツイている」ことが多いほうが人生は楽しいはずですし、前向きになれます。そのためにも、しっかりと準備をしたうえで、日常に起こることを前向きに捉えていくことが大切です。いまの日常について嘆いてばかりいても仕方ありません。現状を選択してきたのは自分自身ですから、**未来を作っていくのもこれからの自分の選択次第だ**ということを肝に銘じておきましょう。

自分が変わったと思っても、世間から変わったと思われなければダメ

「結果を出すために、どのように振る舞うべきか?」という問いの答えは実は簡単で、「ただやればいいだけ」ということになります。これだけだと随分と冷たい言い回しのように聞こえてしまうかもしれませんが、もう少し噛み砕いて言うと、**「胸の中でひそかに決心するのではなく、行動を起こしなさい」**ということです。ひそかなる決心などというのは、決心しないことと同じなのです。

決心をしていても行動に移せないでいるのであれば、〝誰かの目〟を思い浮かべるとよいでしょう。冒頭で書いたように、俳優は「アクション!」という監督の声で演技に没入し

ます。その演技は現場の多くの人に見られていますし、テレビ放映されれば視聴者が見るわけです。また、〝情熱大陸〟のようなドキュメンタリー番組で自分がフォーカスされていると考えてみるのもよいでしょう。

ただ、注意しなければいけないのは、自分自身がそのように振る舞っていたとしても、世間から「変わった」と思われなければ仕方ありません。先ほどの例でいえば、ドラマもドキュメンタリー番組も、どんなにおもしろい内容であっても視聴者がいなければ意味がないわけです。考えてみると、私たちは小さい頃に学校で「授業参観」がありました。教室の後ろに父兄がずらっと並んだあの空間は、普段の授業とは違って少なからず緊張感があって、やる気に満ち溢れていたように思います。やはり**誰かに見られているというのは思いもよらない力を生み出すもの**なのです。

では自分の振る舞いが世間から「変わった」と思われるためには何をしなければならないかといえば、**「発信」**が重要になってきます。授業参観と違って、周囲が勝手にあなたのことを見に来てくれるわけではありません。こちらから発信しなければいつまで経っても伝わらないのです。

車にはクラクションという機能があります。ハンドルの中心部分を押すと「プー！」と鳴ります。車に乗る方であれば誰もが鳴らしたことのあるものですが、どのような時に鳴らすかといえば、例えば次のようなシーンでしょう。

・危険を察知した
・信号が変わったのに前の車が動かない
・すれ違いざまに友達にあった
・彼女を送った別れ際

いかがでしょう。ただの「プー！」という音にもかかわらず、様々なシーンで使われます。それもそのはずで、ドライバーは外に向けて声を出すということはほとんどありません。たまに窓を開けて怒鳴ってくる人もいたりしますが、基本的には窓を閉めて運転していますので、何かの意思表示をしたければクラクションを鳴らすというわけです。

これは個人の振る舞いでも同じことだと思うのです。**何かアクションをする、意思表示をする、という時には心の中で呟いて終わりにするのではなく、窓の外に向かって音を発するべきだ**ということです。

外に向けて発信する効果として、周囲に伝わるだけでなく自分自身にも言い聞かせる力が働きます。これは心理学の世界でも**「公開宣言効果」**というキーワードでいわれています。人は、言葉や文章で自分の考えを公開すると、その考えを最後まで守ろうとする傾向があるのだそうです。この「公開宣言」を最大化するためには、できるだけ多くの人に公開する、それも繰り返し行う必要があるでしょう。クラクションなら音量の大きなものを取りつけたり何度も鳴らしたりするというわけです。

ですから、仮に「運動をするぞ」と決めたのであれば自宅で黙々とトレーニングをしようとするよりも、公の場であるフィットネスクラブへ行ったり運動をサポートしてくれるパーソナルトレーナーをつけるほうが効果はあるはずです。また、「運動をするぞ」という宣言をソーシャルメディアで公開するのもよいでしょう。あなたの行動を知る人が増えるわけですから、公開宣言効果はより強く機能するはずです。

また、個人の公開宣言であれば、**「その約束を守れなかった時の代償」**も自ら併せて明示するとよいでしょう。宣言すること自体は簡単ですが、それが後になってじわじわと効果を発揮していきます。以前、禁煙をしようとしている方がＳＮＳで「もし私がタバコを吸っているところを見かけたら、なんでも好きなものをご馳走します」と言っていました。コメント欄には高級な焼肉やフレンチのフルコースなどの要望が書かれていましたので、もしタバコを吸って見つかった場合には数万円の損失になってしまいます。こういった自分に対するプレッシャーは非常に効果的だと思います。結果的にその方も禁煙を達成したようで、後で話を聞いたら「言った以上は守らなきゃ、という気持ちになった。嘘をついたりしても、それがバレたらそのことも含めて公開されてしまうはずだから、意地でも守ろうと思った」とおっしゃっていました。

確かに、公開をするということは誰かに常に見られている、という気持ちになります。それが実際は誰も見ていなかったとしてもです。さらに、そのチャレンジが失敗したのかどうかも明らかにされます。そこには**本人の意地やプライドも作用**していき、さらに効果が強くなっていくというわけです。

発信をすることのメリットは他にもあります。発信をしていくと自ずと「その情報」に対して自らアンテナを立てていくことにもなります。すると、**目標達成を助けるために情報が勢い良く集まってくるようになる**のです。これはやはり第1章でも書いた心理学における**「カラーバス効果」**と呼ばれるものです。仮に「赤いものを集めなければいけない」

となった時、まずは周囲に対して「赤いものを集めています」と宣言をするとします。そうすることで、自分自身も赤いものを常に意識することになっていきます。すると、町を歩いていても、お店に入っていても、何をしていても赤いものが目に飛び込んでくるのです。

こういったことは誰しも経験したことがあるのではないでしょうか。仕事に関する特定の情報を意識していると、電車の中吊りからヒントを得ることになったり、友達との何気ない会話からヒントを得ることになったりすることがあるのです。このような効果を得るためにも、発信をしていくことは非常に大事だといえるでしょう。

1995年、トヨタでは奥田《おくだ》碩《ひろし》氏が社長に就きました。1997年には、米「ビジネスウィーク」誌で〝世界最優秀経営者〟の1人に選出されましたが、その奥田社長は社内で「変わること」を求めていたことで有名です。様々な側面で「変化すること」を求められたトヨタの社員たちからは**「我々トヨタの人間が変わったとしても、世間から変わったと思われなければしょうがないのでは」**という考え方が出てきたといいます。そして、その考え方は末端の現場にまで浸透していきました。

私自身も、前述した「技能オリンピック」に出場すると決めた時、先輩から「周囲に宣言したほうがいい」「挑戦することを知ってもらったほうがいい」とアドバイスを受けました。当時はSNSなどありませんでしたから、会う人会う人に「技能オリンピックに出場するんです」と言い回っていました。すると、私の動きを感じ取ってくれた人たちが過去に出場した先輩を紹介してくれたり、大会に関する情報を教えてくれたりするようになりました。また、仕事中でも技能オリンピックの種目として出そうな作業については取り組む時の意識が変わっていったのです。これはまさに「公開宣言効果」や「カラーバス効果」が効果的に働いた瞬間だったと感じています。

モノを探すな、モノを取れ

結果を出す人の振る舞いとして重要なポイントに「ムダな動きがない」ということが挙げられます。ムダな動きがないということは、始めようと思った時にすぐ仕事を始めることができるのです。では、どうしてムダなくすぐに始められるかといえば、〝**整理整頓が正**

しくできている〟ということがいえます。

整理整頓というと小学校でも習うような言葉なので軽視される人も多いのですが、ビジネスをするうえでは非常に核となる要素です。トヨタの現場では**「モノを探すな、モノを取れ」**という感覚が浸透しています。

例えば車を整備するうえでも、オイル交換であれば14㎜と17㎜のメガネレンチ、というように使う工具は決まっています。それを毎回毎回「オイル交換か。えっと使う工具はどこだっけ……」などと工具を探していたら、時間がかかって仕方ありません。一度の作業で10秒ロスしたとすると、1日10台対応して100秒のロス、1カ月21日勤務だとして2100秒（35分）のロスです。12カ月分と考えると単純に、35分×12カ月＝420分、つまり7時間ものロスになるのです。メガネレンチを探すという行為だけで年間7時間ものロスですよ？　こんなにもくだらない時間の浪費はありません。ですから、モノを探すのではなく、**必要になった瞬間にパッと「取る」**、というぐらい整理整頓が徹底されているべきだということなのです。

実際、新人の頃はよく「モノを探してないで仕事をしろ」と怒られたものです。仕事中にモノを探すことだってあるじゃないか、と反論したくなりますが、**モノを探すという行為自体が現場の仕事として認められていなかった**のです。

では、本来あるべき姿の整理整頓とはどういうものなのか、改めて考えてみましょう。まず整理とは、身の回りにあるモノを「必要なモノ」と「不必要なモノ」に分け、不必要なモノを捨てることです。整理整頓というと、どうしても〝片づけ〟や〝収納〟といった単に整った状態をイメージされがちなのですが、まずは**「これは本当に必要なモノなのか」**と見極めることが大事です。

必要なモノか、そうでないのかを見極めるためにも、まずは一度、すべてを見える場所に出す必要があります。棚の奥にしまっているモノなど、見て見ぬふりをしているモノはないでしょうか。それは、「場所のムダ遣い」になっているといえます。まずはすべてのモノをいったん外に出すことで、「減らす覚悟」を持つことができるのです。モノを減らせるかどうかが、整理整頓を成功させるポイントになるといってもいいでしょう。

覚悟を持ってモノを減らす判断をしたらどんどん減らしていくのですが、それと同時に**「増やさない仕組み」を作ること**も大事です。具体的には、「一時保管場所」などを設けて一定期間が過ぎたら捨てる、などの〝ルール〟を決めてしまうことです。機械的に捨てるルールを設定することで、過去のモノを溜めない仕組みを整えてしまうのです。

そして、整理ができたら次は整頓です。整頓のポイントは、**モノの定位置を決めてしまうこと**です。整理ができると「必要なモノ」だけが残るはずです。その残った「必要なモノ」を使いやすい場所に配置していくのが整頓というわけです。例えば、引き出しの中に用途別の置き場所を決めてしまい、その場所に適正量だけを収納するのもよいでしょう。必要なモノに品名のラベルを貼っておくのもよいでしょう。モノの「置き場所」をしっかりと守っていれば探す必要が生じないのです。また、元の場所にモノをきちんと戻す、というルールの徹底も重要です。そうしなければ、どんな空間も快適に保つことはできないのです。

ルールを徹底するという意味では、**「整理整頓の習慣化」**も同様に重要なポイントになります。習慣にしていくうえで必要なのは、〝1日15分だけでも実施する〟ということです。多くの人は散らかってきたら月に一度くらいに一気に整理整頓し、またしばらくしたら散らかって……ということを繰り返します。そうすると、やがて一気にやるのも面倒くさくなってしまい、徐々に散らかった状態が普通になってきてしまうのです。そうではなく、日々の習慣として少しずつ片づけをするのです。トヨタの現場でも、朝と晩に掃除の時間がありましたが、床や机などの掃除だけでなく、整理整頓も同時に行っていました。そうやって日常の動作に組み込んでしまえば、飽きずにストレスなく手を動かすことができ、常に環境を整えることができるのです。

環境を作るという意味でいうとポイントがもう1つあります。結果を出す人は**「集中する環境を作る」ということが上手い**ということです。

ここでも整理整頓が重要になるのですが、同じスキルの人が同じ仕事をするのでも差がつく場合があります。それは、各人の「集中力」に差があるのではないかと考えられます。では、集中力をどのように整えるかというと、環境に起因することが大きいのです。

誰しも経験があると思うのですが、受験勉強をしなければいけないのにテレビが気になって手につかないとか、パソコンで資料を作らないといけないのにYouTubeで動画ばかり見てしまうなど、集中できないことが多々あります。集中するためのポイントは、**「別のモノを視界に入れないこと」**です。例えば、テレビを見ないためには、テレビのリモコンを視界に入れないようにする必要があります。手元に置いてあったりすると「少しだけ」と言い訳をしながらつけてしまう可能性があります。ですから、リモコンの定位置を作り、使ったら元の位置に戻してしまうのです。

同じように、パソコンを開いて仕事をする際、やるべきことに集中するために特定のソフト以外は開かないようにしなければなりません。そのためには、集中力を阻害するソフトやアプリのアイコンを少し下の階層に配置したり、必要なファイルを全画面表示したりして余計なモノが目に入らないようにするのです。

いずれにしても、自分の集中力が途切れてしまう時に**「何によって途切れてしまったのか」**をしっかりと意識する必要があります。そして「じゃあ、それにアクセスしにくくするにはどうしたらよいのだろうか」と考えて実行するようにしましょう。集中力はなんとかして高めていくというよりも、**「阻害要因を減らすこと」がまず先決**で、そのためにも整理整頓は非常に大切な要素になってくるのです。

人を責めるな、仕組みを責めろ

「なぜお前は数字が上がらないんだ！」
昨今、こんな言葉を部下に浴びせるとすぐに「パワハラ」と言われてしまいますから、あまり厳しい言葉は会社で飛び交っていないかもしれません。しかし、結果を出せない組織では得てして上司がこのような振る舞いをしていたりするのも事実です。上司が部下を厳しく叱責することで、社内は殺伐としてしまい、社員のモチベーションも上がらずに、結果の数字に如実に表れてしまうのです。

トヨタの現場ではどうだったかというと、**〝「業務」には厳しいけれど「人」には優しい〟**という感じです。少し抽象的なので解説をしましょう。業務の中での品質には徹底的にこだわり、厳しく追及するのですが、人を追及することはありません。逆に、人の育成やケアに対しては手間暇を惜しまないのです。これは、昔から言い伝えられている**「人を責め**

るな、仕組みを責めろ」という考えに基づいているのだと思っています。

しかし、世の中を見渡すとその逆で、「業務に甘く、人には厳しい」という会社が多いように感じます。そうなると、人のやったことばかり責任を追及する「減点主義」がはびこってしまったり、新しいことにチャレンジする社風が育たなくなってしまったりしないでしょうか。

このような人材育成は、子育てでも同様のことがいえます。例えば5歳の子供がガラスのコップを落として割ってしまったとします。その時に「何をしてるの、あなたは！　ちゃんと持ちなさい！」と叱る親がいるとしましょう。これはつまり「人を責める」という考えです。これを繰り返されてしまうと、子供の創造性は育まれないどころか、怒られてばかりいることで健全な育成にも影響を及ぼすであろうことが容易に想像できます。

そうではなく、「子供がコップを落とさないようにするにはどうしたらいいか」「コップが割れないようにするにはどうしたらいいか」ということを一緒になって考えることが「仕組みを責める」という考えなのです。ですから、この例の場合には結果的に「グリップがしっかりしたプラスチックのコップに変更しようか」といったアイデアが出てくるのです。

こういった習性が身に付くと、子供も困難にぶつかった際「どうしたら良い仕組みが作れるだろうか」と考えられるようになるのではないでしょうか。

また、このような問題が発生した場合に「人を責める」考えになると、「気をつけなさい」とか「頑張りなさい」といった抽象的な言い回しで落ち着いてしまいがちです。しかし、これでは問題を抑えるブレーキとしては非常に力が弱いため、再発しやすくなってしまいます。「仕組みを責める」という考えになると、仕組みの問題点を明らかにしていきますので、**より具体的かつ根本的な対策を選択することが可能になる**わけです。

そして、ここでの対策は普遍的な考え方にもなりやすいので、他部署に横展開して組織全体を底上げすることに繋がっていくのです。前述の例でいえば、「弟や妹のコップを新しく買う際には、グリップがしっかりしたプラスチックのコップにしておこう」ということになります。そうすることで、**類似の問題の発生自体を未然に防止することができる**というわけです。

この考え方は、様々な面で応用が可能です。例えばよく「忙しいのに仕事が減らない」

とストレスを溜めている人を見かけますが、詳しく話を聞いてみると最終的に会社や上司への不満が口からこぼれてきます。しかし、仕事が減らないことに怒りをぶつけるのはまさに「人を責める」行為であり、時間のムダなのです。そうではなく「仕組みを責める」、つまり、いま自分や組織が**「どのような仕組みで動いているのか」**に着目しなければなりません。そのためにも、そもそも日々の時間をどう使っているのか、しっかりとチェックしてみる必要があります。

試しに、職場の1人1人の動きを観察してみてください。慌ただしく歩き回ったり電話をかけたりしている人がいると思います。その人たちは、一見、忙しく仕事をしているように見えるかもしれません。しかし、実は本来なら必要のないことをしているかもしれないのです。

また、仕事に対して「やる気が出ない」という場合でも同様です。「やる気が出ない」とか「部下のやる気が感じられない」ということが問題だからといってその点を責めるのではなく、「いかにやる気が上がる仕組みを作れるか」「いかにやる気が継続する仕組みを作るか」と考えることが必要なのです。

人を責めたとしてもなんにもいいことはありません。そんなことに時間を費やすよりも、**「もっと上手くやる仕組みが作れないだろうか」**と仕組みを責めるほうが結果に繋がりやすいのです。部下を叱責してしまうダメな上司の意見には、「あいつは才能がない」とか「素質がないから」という声も含まれたりしますが、果たして本当にそうなのでしょうか。「仕組み」のせいでその人の能力が発揮できていないだけかもしれません。それが個人の才能のせい、などと判断されてしまうのは非常に勿体ないことなのです。

仕事は自分で見つけるべきものだ

皆さんは普段、どんな仕事をしているでしょうか。決められた仕事をひたすらこなしているでしょうか。それとも、知恵を絞って仕事を生み出しているのでしょうか。

私はトヨタの現場に入った新人の頃、雑用ばかりを担当していました。トイレ掃除や工具磨き、駐車場の掃除や軍手の洗濯など、多くの雑用をこなしていたのです。雑用も慣れてくると早くなりますので、ひと通り終えて手持無沙汰になったところで先輩に「何か仕事はありますか？」とよく聞いていたのですが、先輩からは決まって「仕事なんていくらでもあるだろ」と言われていました。しかし、具体的に何をすべきかは言われないので、私はそのたびに「はあ」と首を傾げるばかりでした。このやり取り自体をいつも疑問に思っていたのですが、後になって徐々に理解していきました。トヨタの現場の先輩たちは、私が**自分で仕事を探すために手を動かすこと**を期待していたのです。

いまだから胸を張って言えますが、そもそもプロとして自分で仕事を探すのは当然ともいえるでしょう。仕事は誰かに与えてもらうものではありません。与えられた仕事だけをこなしてばかりいると、いずれ「仕事をやらされている」という感覚が芽生えてしまいます。そうすると、どこかのタイミングで途端に「なんで私がこの仕事をやらなければいけないんだろう」などと感じ始め、やる気が出なくなってしまうものなのです。

ですから、働くうえで「どんな仕事を与えてもらえるだろうか」などと考えてはいけないのです。

何よりも重要なのは**自分自身の学び取っていく能力**です。たまに学生から「これからの時代、どんな職業に就いたら有利でしょうか」といった質問を受けることも多いのですが、この質問自体もあまり意味がありません。「ほにゃらら銀行に就職したから成功人生」だとか「なんとか証券に入れたからもう安泰だ」などということはないわけです。高度経済成長の時代ならいざしらず、もう時代は大きく変わってきています。

英国ビジネススクールの教授であるリンダ・グラットン氏などが著した『ライフ・シフト』（東洋経済新報社）では、「人生100年時代がやってくる」と書かれており、世の中でも大きな話題になっています。『ライフ・シフト』によれば、**〝金銭には換算できない無形資産がカギになる〟**ということですから、どこで働いて幾ら稼ぐかではなく、やはり「何を学び取るか」が重要だということです。学生であれば誰しも、社会の知識があるわけではないですから、どんな職業に就こうが学び取る力がなければ使い物にならなくなってしまいます。

まれに「若いうちは余計なことを考えず、言われた仕事を一生懸命やってればいいんだ」ということをおっしゃる大人もいます。これは文面のまま真に受けていたら思考停止になってしまいますので大変危険です。「余計なことを考えず」ではなく、「何が学び取れるだろうか」と常に頭を使わなければいけません。学び取ろうと考えるためには、根底に**〝好**

奇心〟が必要になるでしょう。「知りたい」と思うから学ぼうとするわけです。ですから、目の前のことに好奇心を持って臨みましょう。

Googleの元CEOであるエリック・シュミット氏は、大企業であれベンチャー企業であれ、仕事をするうえで何よりも重要なのは**たった2つの資質だ**と結論づけていました。その2つというのが、まさに**「根気強さ」**と**「好奇心」**だということです。

将来的に成功するかどうかを見るのには、まず「根気強さ」があるかどうか。そして、2番目が何に興味を持っているか、つまり「好奇心」だというわけです。「現代のような知識経済社会においては、根気強さと好奇心の組み合わせが成功を収めるかどうかの最高の指標だ」と言い切っていますから、好奇心を持つことの重要性が理解いただけるかと思います。

トヨタの現場に話を戻すと、「自分で仕事を見つける」という行為には**「他者に目を向けよう」**という意味も込められていました。仕事を見つけようと思ったら、いくら好奇心があっても自分の頭の中だけで考えていては難しいものです。自分以外の他者に目を向けなければ学びは得られません。

トヨタには昔から**「ベンチマーキング」**という文化があるのは有名な話です。ベンチマーキングとは、なんらかの比較対象と自分および自社を比べ、現状を把握していくことです。さらに、自分たちに足りない点があれば真似をしていくという行為も含まれます。

何か望むものがあるのであれば、**すでにそれを持っている人たちの習慣などを研究して積極的に真似ていくのが最も近道**ではないでしょうか。良い点は真似て、自身の足りない点は努力を重ねていくのです。そういった視点で周囲を見ていくと、他者の存在は宝の山であることに気づくはずです。周囲を観察することで、自分に足りないところや努力すべきところが見えてくるのです。もちろん優秀な先輩や模範的な同僚がいればそれに越したことはありません。そういった人物がいれば、「プロ意識」を学ぶことができるでしょう。

ただ、残念なことに「そんな人は周囲にいない」と感じる人も多いかもしれません。しかし、**どんな人であっても必ず優れた点があるはず**ですから、そういった点に着目して、自分に足りないところや努力すべきところを補っていくことが重要だといえます。好奇心を持って人に接して、自ら学びつつ仕事を見つけていきましょう。

好況な時こそ不況に備えた準備をせよ

物事が上手くいかない時は、思い悩んだりしてしまうものですよね。「何も感じない」という人はよほどのメンタルの持ち主ですから羨ましい限りですが、普通なら「なぜ上手くいかないいんだろう?」と立ち止まって考え込むことがあるかと思います。しかし、逆に〝上手くいっている時〟はどうでしょうか。実は上手くいっている時の振る舞いも非常に重要な意味を持つのです。

上手くいって波に乗っている時は、さらに良い未来ばかりを思い描いてしまいがちです。大きな結果が出ていることに驕り高ぶってしまったり、勘違いをしてしまったりすると、道を誤って大きな失敗へと繋がってしまいかねません。上手くいっている時こそ現状に意識を向けることが必要なのです。

トヨタの現場でも、古くから**「好況な時こそ不況に備えた準備をせよ」**という言葉がありました。上手くいっている時こそ立ち止まってしっかり準備をしよう、ということです。「なぜ、上手くいっているのだろうか？」「このまま進んでも大丈夫なのだろうか？」と冷静に考えてみましょう。そして、「もし、急に上手くいかなくなるとしたら何が原因だろうか？」「その対策として何ができるだろうか？」とできる限りの準備をしていきましょう。

トヨタの経営層も、好況な時ほど慎重であるというのは有名な話です。会社が好調であればそれを喜ぶ空気に包まれそうなものなのですが、そんな時ほど「なんで好調なんだ？」「どうしてこんな良い数字になったんだ？」と、好況である理由を掘り下げていくのだそうです。そして、その「成功の要因」とでもいうべきものを明確に掴もうとするわけです。この考え方は非常に重要だと思っていますので、私も個人レベルでよく自問自答をしています。何か上手くいくとすぐに舞い上がって「よし、パーッと飲みに行こう」とか「自分に何かご褒美を」などと考えがちですが、**上手くいった理由を正確に掴まなければ、再現させることもできません。**

そもそも、仕事で上手くいき続けるなどということはなかなかありません。それにもかかわらず、つい上手くいっている時はそれが永遠に続くかもしれないなどと錯覚してしまうものなのです。仕事には良い時もあれば、悪い時もあります。夢や目標へと向かう道のりには、上手くいくこともあれば、上手くいかないことも同じぐらいあるのが当然の摂理です。ぜひとも、上手くいっている時ほど気を引き締めて行動していきましょう。それが致命的な失敗を避け、夢や目標へと辿り着かせてくれるのです。昔の人も**「勝って兜の緒を締めよ」**という諺で教えてくれているではないですか。

日本人だけでなく、〝準備〟の重要性を説いている人は世界にも数多くいます。同じ自動車業界でいえば、フォードモーター創始者であるヘンリー・フォード氏も**「成功の秘訣は、何よりもまず、準備すること」**と言っています。また、アメリカの第16代大統領であるリンカーンは、こんなことを言ったそうです。

「木を切り倒すのに8時間与えられたら、私は最初の6時間、斧を研ぐのに費やす」

これは非常に重要な考え方だと思います。多くの人は仕事を進める際、準備が足りずに仕事自体が遅くなってしまったり、仕事の質が悪くなっていったりします。最初にすべきは、しっかりとした準備なのです。それがあるから全体の仕事も早く確実に進んでいくといえるでしょう。

リンカーンの言葉から派生したのかはわかりかねますが、**「木こりのジレンマ」**という話も有名です。「木こりのジレンマ」というのは、次のような話です。

ある日、旅人が森の中を歩いていると、刃こぼれしたノコギリで忙しそうに木を切る木こりを見つけました。

しばらくの間その様子を見ていた旅人がこう言います。

「その刃を交換すれば、きっと楽に木を切ることができるのでは」

すると木こりはこう答えます。

「そんな事をしている暇なんてないんだよ！」

いかがでしょうか。私たちの身の回りにも、この木こりのように**何かと理由をつけて準備を疎かにしている人**が多いように思います。

便利な道具が目の前にあるのに「使い方がわからないから」といって説明書すら手に取らない人。

新しい方法を「それってどうなの？」と斜に構えながら、古いやり方を貫こうとする人。

「うちの会社じゃ、いくら言っても替えの刃なんて買ってくれないと思う」などと最初から諦めている人。

こんな考え方では、いつまで経ってもボロボロのノコギリでひたすら木を切り続けなければなりません。私たちは、もっと準備に目を向けて、刃を研ぎ続けなければなりません。

そして、前述したトヨタの現場で言われている言葉は**「好況な時こそ刃を研ごう」**ということだと理解しています。準備をしっかりすることで自信がつきますし、自信がつけば「自分なら大丈夫」と楽観的になることもできます。成功者というのは好況な時に準備をしながらも、物事を楽観的に考えているものなのです。

問題にぶつかるのは、運がいい証拠だ

先ほどは「物事が上手くいっている時」の振る舞いについて書きましたが、上手くいっていない時の考え方にもトヨタの現場では特徴的なものがあります。トヨタの現場での〝上手くいっていない状況〟というのは、例えば緩めようとしたネジが壊れてしまってどうにもならなくなったり、発注した部品を間違えてしまって納車が間に合わなくなってしまったりと、本当に数え切れないほどいろいろなことがあります。そんな事態に直面した際、

先輩たちからは**「お前、運がいいな」**と言われていたのです。

人が苦しんでいるのに「運がいいな」だなんて、新人の頃はタチの悪い皮肉を言われながらバカにされているのかと思いましたが、違いました。問題にぶつかるということは〝解決する機会を得た〟ということでもあるわけですから、成長するチャンスといえます。問題にぶつかると、どうしても「早く解決しなければ」とか「急いで復旧させなければ」などと焦ったりしますが、このようなプレッシャーのかかる場所に身を置いていると、脳に適度な負荷がかかります。そしてそれを**クリアする体験を積み重ねていくことで、人は成長する**のです。

「負荷が自身を成長させる」というのは前述した通りですが、今度は世界のテクノロジーの最先端といっても過言ではない〝シリコンバレーの現場〟の話を引き合いに出してみましょう。シリコンバレーでは、**「マドル・スルー」**という言葉が頻繁に出てくるそうです。これはどういう意味かというと、「泥の中をかき分けて進む」とか「手探りで困難に立ち向かう」ということを表しているのだといいます。時代の先端を突っ走っているようなイメージのシリコンバレーでも、このような言葉が頻繁に出てくるのは意外かもしれません。

しかし、問題にぶつかった時に簡単に諦めてしまうのではなく、知恵を絞って解決策を考え、何度も試しながら困難を打破していくことは、どんな時代であっても価値のあることなのです。**負荷がかかることで初めて人間は鍛えられていくもの**ですから。

実際、人間の体に筋肉がついていく仕組みも一緒です。先ほどは加圧トレーニングの話をしましたが、実は私自身も普段からジムに行っては筋トレをしています。筋トレというのはまさに筋肉自体に負荷をかけることです。重いダンベルを繰り返し上げ下げすると、筋肉の筋繊維に小さな傷ができていきます。そして筋トレが終わると、徐々に筋繊維についた傷が修復されていきます。その修復の過程で起こる痛みが「筋肉痛」というものです。そして無事に筋肉が修復されると、これまでより少しだけ太く、強くなっているのです。この一連の過程は、筋肉強化における「超回復」と呼ばれるメカニズムです。

徐々に重さを増やしながらトレーニングを行い、そのたびに筋繊維の〝破壊〟と〝再生〟を繰り返す。何度も筋肉痛と超回復を繰り返しながら筋肉はより強くなっていくというわけです。これはまさに先ほどの話と全く同じです。**問題という名の負荷を乗り越えることで、自身の対応能力が高まっていく**のです。ですから、そういった機会が訪れたのなら、やはり「運がいい」と喜ぶべきではないかと考えます。

学生が就職活動の面接などで言う常套句に「仕事を通して成長したい」というものがあります。しかし、実際にその学生が入社して仕事で何か問題に直面すると、「僕にはちょっと」と及び腰になったり、逃げ出してしまう人もいたりします。これは明らかに矛盾しており、言行不一致です。楽をしながら勝手に成長していくことなどありませんから、**積極的に問題にぶつかっていくべき**でしょう。

また、先輩に言われた「運がいいな」という言葉は、**頻繁に口にすること自体がとても良いことではないか**と感じました。自分が普段どのような言葉を発するか、というのは非常に重要な意味を持ちます。言霊という言葉があるように、言葉には魂が宿っているようにも思います。人は誰しもある程度の年齢を重ねると「自分は○○である」という自己イメージを固めていくものではないでしょうか。この○○には、例えば「内気」だとか「社交的」だとか「人見知り」など、自分の特徴が当てはまるでしょう。そして、その自己イメージに基づいて行動を起こしているともいえるのです。

そう、「自分が発する言葉通りに自分は行動している」というわけなのです。ですから、

「自分は運が悪い」と思って口にし続ければ運が悪い人になっていきますし、「運がいい」と思って口にし続ければ本当に運が良くなっていくのだと思います。では、**あなた自身はどんな言葉を発していくべきなのでしょうか**。考えなくてもおわかりですよね。

普段からどんな言葉を発するかは非常に重要です。そして、トラブルに直面した時こそ、その人の本質が見えてくるようにも思います。ぜひとも、問題にぶつかったら喜びながら「運がいいな」と口にする。そんな風に振る舞ってみてはいかがでしょうか。

まとめ

準備をしたらツキは巡ってくる

モノを探すな、モノを取れ

問題にぶつかるのは運のいい証拠

第3章

Action3
【作用】

〈例文〉
chemical **action**
→化学**作用**

やりきる人の頭の中では、何が作用しているのか

自分の力を最大限作用させるためには

Actionという単語には、「作用」という意味も含まれています。この章では、何事もやりきる人の頭の中でどのような思考パターンが作用しているのかを解説していきたいと思います。

少なくともこの本を手に取っている皆さんであれば「自身の能力を高めたい」と考えていらっしゃるかと思います。では、能力を高めるためには何が必要なのでしょうか。全く能力のない人なんていないわけですから、いかに自分の能力を効果的に引き上げるかがカギとなるでしょう。そのために必要なのは、**「目的は何か」を考えること**だと思います。

仕事に取り組む時、ただ漫然と取り組むのではなく「この仕事の目的は何か」と考えるのです。トヨタの現場でも、「仕事の目的」は常に意識させられました。目の前の仕事への取り組み方を常に見られていて**「お前さあ、なんのためにこれやってるんだっけ？」**と頻繁に先輩から問い詰められるのです。そのたびにハッとさせられていたものです。

人は「何をすべきか」を意識することで、具体的な行動に取りかかりやすくなるのではないでしょうか。「何をすべきか」を意識することで、目標に向かってまっすぐに進めるようになるのではないでしょうか。

何かを成し遂げようとするのであれば、漠然とやるのではダメだと思います。「なぜ、これをやらなくてはならないのか」と、その行動の〝理由〟に着目しなければなりません。

このような〝行動するための絶対的な理由〟を**「ビッグホワイ」**と呼ぶ人もいます。「ビッグホワイ」があれば、さして技術がなくとも自分の能力以上のことができるというのです。「うちの職場、新人のやる気がなくて困っています」というような話をよく聞きますが、やる気の欠如の裏には、「やるための絶対的な理由を見つけられないから」という原因が潜んでいるように思います。**目的を明確にすることで、能力を引き出すことはできるはず**なのです。

また、漫然と取り組んでしまうと「続かない」という問題も出てきます。やらなければいけないとわかっていても、体がついていかないのです。しかし、「目の前のことをやり抜くことで何を得ることができるのか」を考えていくと、努力を継続することができるのです。

例えば、私は2010年に初めて本を出させていただきました。それ以来、コンスタントに7冊以上を書き続けています。本を書くというのは本当に大変な作業なので、何冊か書いたらやめてしまう著者の方も多くいらっしゃいます。しかし、私は初めて本を出した時に、何通かのお手紙をもらいました。その手紙には、「この本のおかげで自分の人生が変わりました」とか「いままで読んだ本の中で最も心に残った」などといった嬉しい言葉が並べられており、私の中に熱いものがこみ上げてきました。それ以来、同じように感じてくださる人を1人でも増やそう、多くの人に喜んでもらおう、という思いから本を書き続けるようになっていきました。

考えてみると、人間というのはなんらかの刺激によって行動を起こしています。もし自分の行動をしっかりコントロールしたいと考えるのであれば、自分をコントロールしてい

る「刺激」の力を認識すべきではないか、と思うのです。私が本を書き続けていこうと思うのは、本を書くことで喜んでくれる人がいることに刺激をもらえるからです。その刺激をまたもらいたくて、次の本、次の本、と力が湧いてくるのです。

整備士という仕事でもそれは同じでしたが、ただ目の前の部品を組みつける、という動きだけで捉えてしまうと能力は限られてしまいます。そうではなく、この部品をしっかり組みつけることでお客様が安心してドライブすることができて、楽しい思い出をたくさん作ることができる、といったように、**自分の仕事が世の中にどうその価値を提供しているのか**まで考えていくと、いままで以上の能力が発揮されるというわけなのです。

ただし、何度もお伝えしているように大きな目的だけにフォーカスしていてはいけません。例えば「イメージをすれば夢が叶う」といったプラスの自己暗示が大事だという話は聞いたことがあると思います。確かに長期的なビジョンを描く時にはイメージも必要かもしれませんが、短期的な目標を達成するうえではかえって邪魔になってしまうこともあるのです。明るい未来をイメージしてばかりいる人たちは、トラブルに直面すると簡単に挫折してしまうのです。

成功を手にするには、目標を達成した場面をイメージする「ゴールの視覚化」だけでなく、**目標までのルートを正しく捉える「プロセスの視覚化」**も重要になります。大きな目的を意識して自分の力を最大限発揮しつつも、いざ行動する際には、具体的な行動に落とし込んで考えていくということです。そうすることで、地に足がついた行動をしやすくなっていくはずです。

対象となる目標を達成しようとする際には「なぜ」にフォーカスすべきなのか、「何」にフォーカスすべきなのかを適宜判断していくことが重要だといえるでしょう。

計画を見える化することで起きること

何かを始めようとアクションをする時、計画は決まっているでしょうか。計画を立てることは、目標を達成させるために必須の行動といえます。そして、やりきる人の頭の中では、**計画が「見える化」される**という作用が起こっています。「見える化」というのはトヨタ式を代表する仕組みの1つとしても有名なキーワードです。トヨタの生産現場から生まれた言葉で、例えば生産ラインで異常が発生すればすぐに明示してラインを止めるというように、問題の所在を「みんなに見える」ようにする取り組みを指しています。

ただ、「見える化」というのは問題発生時だけでなくあらゆる場面で使われるべきであり、特に計画を立てる時には必須ではないかと私は考えます。例えば、まず計画を立てる前にやらなければいけないのが、**自分自身の動きの見える化**です。忙しい忙しいと言いながらも、自分が何にどれだけ時間を使っているか把握していない人がほとんどです。まずやるべきは、自分が何に時間を使っているのか、見える化するところから始めてはいかがでしょうか。経営学者として著名なピーター・ドラッカー氏も、まさに**「成功を遂げる者は仕事からスタートしない。何に時間が取られているかを明らかにすることからスタートする」**と著書の中で述べています。

まず自分の行動を見える化し、それから「自分がこれからやるべきこと」を明確にしていきましょう。自分がやるべきことのポイントは、第1章でも「『しっかりネジを締めろ』ではダメだ」という話を書きましたが、感覚ではなくて計器をもとに修理しなければいけません。つまり、具体的な数値や具体的な行動名称に落とし込む必要があるのです。

やろうと思ったことは勢いや自信だけではできません。そうやってやるべきことが具体的に明確化されれば、すぐに行動に移すことができるようになっていきます。行動に移せば結果が見えるようになりますから、次の課題や行動目標もできる。そんなサイクルが回り始めるのです。

同じく第1章で「SMARTの法則」というものを軸に目標設定の基本について解説しましたが、ここでは「やりきる人が目標設定で何を作用させているのか」という点についてもう少し詳しく解説をしていこうと思います。

まずは、**「ユー・ストレス理論」**というものをご存知でしょうか。

ひとくちにストレスといっても種類があり、その中でも「快適なストレス」に位置づけられるのが「ユー・ストレス」です。わかりやすく「輪投げ」で例えてみましょう。縁日などで輪投げに挑戦しようとした際、輪っかを入れる棒が100m先に置いてあったらどうでしょうか。誰しも「こんなの無理だよ」と感じて投げること自体を諦めてしまうはずです。それでは、輪を入れる棒が自分の足下、すぐ真下に置いてあったらどうでしょうか。これでは、簡単すぎてなんだか気が抜けてしまいますね。つまり、**目標は遠すぎても近す**

ぎても力を発揮することができないのです。「これは難しいな」と感じながらも輪を投げて、なんとか入った時に大きな喜びが感じられるはずです。それと同じように、自分にとって最適な距離、最適なストレスレベルの目標を意識して設定しましょう、というのが「ユー・ストレス理論」です。

それから、目標を決めた後で重要になってくるのは**「プレッシャーの設定」**でしょう。行動をするうえで、プレッシャーが全くなければ決意を実行に移すのは極めて難しくなりますから、「締め切り」「報酬」「懲罰」といったプレッシャーを設定していくべきです。多くの人が変化を望みつつも変化できないのは、現状でそれほどプレッシャーを感じておらず、切実に望んでいないからといえます。その状態では成功することは難しくなりますから、自らプレッシャーを設定していきましょう。

特に「締め切り」の設定は重要です。成果を上げられない人の多くは「時間がなくて」と言い訳をしますが、時間がないから成果を上げられないのではなく、逆に時間がありすぎるから成果を出せないことのほうが多いのではないでしょうか。自ら締め切りを設定していくことで、**「直前シンドローム」**というものが作用します。これは小学生の夏休みの宿題のようなものですが、「今日中に」とか「後1時間で」と締め切りが迫ると途端にぐっと集中力が増す現象です。この現象を利用するという意味でも、締め切りをしっかりと設定することは大きな意味を持つのです。

さらに、実行力に優れた人の心の中には、実は**「2つの締め切り」**が作用しているといえます。それは、前述の**「終了の締め切り」**だけでなく**「開始の締め切り」**です。つまり、始める前から**「いつまでに着手する」**という期限を決めているのです。重要な仕事をする際には、「終了」と「開始」の締め切りを決めてしまい、さらにそれぞれの締め切りを「見える化」することで自らにプレッシャーを強くかけ、行動に繋げているのです。決して目標を作っただけで満足してはいけません。満足してしまうと、人はそれ以上の努力をしなくなってしまう生き物なのです。

こうして見える化をしていくと、全体を俯瞰して見渡すことができるようになっていきます。例えば何かのスケジュールを見て、どのタイミングでどういうタスクが発生し、どのタイミングで何を決めるべきかが把握できます。すると、チームや取引先の各人の仕事のスピードや、得意不得意は何か、といったことを考えるようになります。全体を俯瞰できるようになると、どこに力を入れるべきかがわかりますが、裏を返せば**「どこで力を抜くべきか」**もわかるようになり、結果的に非常にラクに仕事を進めていくことができるようになるのです。

言い訳をやめることで何が作用するのか

何事もやりきって結果を出す人の頭の中では、**「言い訳の排除」**というものも作用しているように感じます。

言い訳をする、という行為自体はあまり良いことではありません。言い訳をするほとんどの場合、「自分のことをわかってもらいたい」という承認欲求や「自分が傷つきたくない」という自己防衛的な気持ちから口をついて出てしまうものです。ですから、言い訳は一時的かつ一方的な言い分になることが多く、少し突っ込まれてしまうと、さらに苦しい言い訳を並べ続けなければなりません。そうやって言い訳を続けてしまうことで、多くのデメリットが生まれてしまいます。具体的なデメリットを3つ、挙げてみましょう。

デメリット① 覚悟が備わらない

言い訳をするというのは、自分自身のために逃げ道を作っているともいえます。逆に、言い訳をしない人というのは、自分自身の行動に責任を持っていますし、覚悟を持っています。背水の陣を敷いて戦う人と、こっそり退路を作っておく人とでは、やはり多くの局面で違いが出てきてしまうものです。

「覚悟」を持つことは仕事をするうえで一番大事なことでもあります。覚悟というのは、どんなに厳しい状況になったとしても、それに向かっていくという心構えのことです。成果を出していくうえでは技術や理論も必要ですが、最終的には精神的な強さが作用してきます。言い訳を続けてしまうと、その「覚悟」が備わらなくなってしまいますから、そんなことではいつまで経っても成果は出せないのではないでしょうか。

デメリット② 成長機会の喪失

人は周囲からフィードバックをもらうことで成長していきます。そこで重要なのは**「素直さ」**です。その対極に位置する「言い訳」ばかりを繰り返してしまうと、扱いづらい人というレッテルを貼られてしまい、指摘をされなくなります。「あいつにはかかわらないほうがいい」「何を言ってもムダだ」と思われてしまうのです。人間誰しも面倒な人は避けたいですし、余計なエネルギーは消費したくありません。

自分に非があるとしたら、素直に謝るべきですし、周囲からのアドバイスを実行するかどうかはさておき、まずは素直に耳を傾けるべきです。それができずに自己防衛にばかり走ってしまうと、周囲からの評価は下がる一方になってしまいます。さらに状況が酷くなると、上司から仕事を振ってもらえなくなってしまいます。「あいつに任せて失敗したら、どうせ言い訳ばかりで自分の否を認めないだろう」と思われ、はじめから仕事が回ってこなくなるのです。

そうなると、社内で孤立してしまうことになり、何もいいことはありません。自身のさらなる成長機会の喪失に繋がってしまうのです。

デメリット③ 自分に嘘をつき続けることになる

言い訳をするということは、大きく表現すると**「自分の人生を生きていない」**ともいえるでしょう。自分の周りで起こる事はほとんどが、自分自身が選択してきた結果です。言い訳をしてしまうということは、過去の自分の選択を否定することにもなります。その言い訳は誰に向けて発せられているのか、よく考えるべきです。言い訳をすることは、相手を裏切り、自分をも裏切ることになってしまうのです。簡単に口にするのではなく、じっくりと頭の中で考えて、それでも言い訳をしたいのであれば覚悟を決めてすればよいでしょう。

それでは具体的に、どのような言い訳をやめるべきなのか挙げてみましょう。

何かをやろうとして、でもやらない。そんな時に、「まあ、いつでもできますので」という言い訳をする人がいます。でも本当に「いつでもできる」のでしょうか。スコットランドの諺で**「いつでもできることは、いつまでもできない」**というものがありますが、まさにその通りです。言い訳を繰り返しながら全然前に進んでいない人がいまの世の中には非常に多いように思います。そんな言い訳をしていると、いつまで経っても行動を起こすことはできないのです。

また、同じように何かをやろうとしてやらない時に、「両立することが難しいので」という言い訳も聞こえてきます。すでにやっていることとぶつかってしまうため、同時には実現させられないということなのでしょうか。

これも、嘘だと思います。トヨタでは、「品質とコスト」「品質とスピード」「外観と実用性」といった、一見すると両立が難しいようなことでもそれぞれ目標を掲げてチャレンジし続けています。それが「トヨタらしさ」の本質だと定義しているのです。このような二律背反を両立させるにはどうしたらよいかを考えることが〝仕事〟だ、ともいえるのではないのでしょうか。

「言い訳をするな」と書いてきましたが、それでは言い訳をしたくなるような場面に遭遇した時は何をすればよいのでしょうか。例えば何かに失敗してしまった時、すぐに言い訳をするのではなく、まずは冷静に分析をすべきです。なぜその失敗をしてしまったのか、できればノートやメモなどに書いてみるとよいでしょう。実際、発明家のエジソンは多くの失敗をしたことで有名ですが、そんな中でエジソンを支えたのは、1冊のノートだったといいます。「それがなぜ失敗したのか」「成功した後にどんな夢が待っているのか」などを冷静に文章にまとめており、それが彼を成功へと導いたのです。

私もトヨタの上司から**「どうしたらできるかを考えなさい」**とよく言われていました。過去ばかりを見て言い訳する時間があるのなら、エジソンがやっていたように「どうすれば成功するか」「成功すると何が待っているか」と未来を見つめながら常に改善案を考えていくべきではないでしょうか。

「ルールだから」で片づけた時に起きてしまうこと

私は生まれつき「色弱」です。色弱というのは、赤や青などのはっきりした色はわかるけれど、黄緑色や茶色、群青色といった少し微妙な色遣いがわからないのです。そのせいでメカニックとしても非常に苦労をしましたが、色弱による苦労は学生時代からありました。通っていた公立の中学校で、靴下の色は白でないといけないという校則がありました。しかし、色弱だった私はプライベート用の水色の靴下をよく間違えて履いていってしまったのです。そうすると、学校で先生に「水色の靴下を履いてくるな！」と怒られるのです。何度か怒られるうちに私は、根本的な疑問を先生にぶつけたことがありました。

「先生、そもそもなぜ靴下が白じゃないとダメなんでしょうか？」

しかし、そう聞いても先生は「校則で決まっているからだ！」としか返してきませんでした。「決まっているから」という言葉で片づけられてしまうのは、とても納得がいかないものです。この場合、靴下が白色でなければならない理由をきちんと説明できていないわけですから納得のしようがありません。

そんなこともあって私は「ルールだから」という言葉が大嫌いです。社会の秩序を乱さないために最低限のルールを設けることは大事だとは思いますが、なんでもかんでも「ルールだから」という言葉で済ませてしまうのは、**それ以上考えることを諦めてしまっている**と思うのです。また、「ルールだから」と伝えてしまえば、それを聞いた人はほぼそのルールをなんの疑いもなしに受け入れてしまいます。とりあえずルールに従っておけば、誰からも注意されることもないので「ラク」だということでもあるのでしょう。

ＩＴ業界の仕事でも同じような話はたくさんありました。業務プロセスがやけに煩雑なので「これは本当に必要なのか」と聞くと、担当者が「前任者からこれがルールだと言われているので……」と返ってくるのです。こういった、「ルールを守るべきだから」というところで思考が停止し、かえって非効率なことを続けていたり、やるべき仕事を放置することになってしまったりしては本末転倒も甚だしいのです。

なぜ「ルール」を定めているのかを考えてみると、様々な目的があるのだと思います。高品質を維持するためにルールを設けている場合もあるでしょうし、事務処理などで仕事を効率良く進めるためにルールを設けている場合もあるでしょう。しかし、私は**「そもそもなんのためのルールなのか？」**を立ち止まって考えるようにすべきだと思います。はじめから決まっていたルールが、「そもそもどういった目的で定められたものなのか」を考えるのです。

例えば、ある職場では研修に参加した後に必ずレポートを書くことになっていました。苦労してレポートを書いたものの、提出された後にどうなっているかを調べてみると、上司が軽く眺めてからハンコを押し、ファイリングされて終わり、というプロセスだったのです。では、このレポートには何か意味があるのでしょうか？　私は疑問に思い、「研修後のレポートは、なぜこのやり方なのでしょうか」と聞いてみましたが、返ってきたのはやはり「昔からこのやり方だから」という言葉でした。研修では新しいことをインプットしているわけですから、アウトプットとしてレポートを書くのは悪いことではないかもしれません。しかし、それをただファイリングしているだけでは意味がないと思うのです。研修の内容を自分の口で発表する場を作ったり、大勢でディスカッションする場を作ったりしてみたら、もっと効果を最大化できるのではないでしょうか。また、そもそも研修はなんのために受講しているのでしょうか。スタッフの成長のためなのであれば、〝研修以外にスタッフを成長させる方法〟がないかを考えてみてもよいはずです。

業務効率化が叫ばれる昨今ですが、業務のやり方を変えるだけでなく、「そもそも、その業務いる?」というように「やめることができないか」を問い直すことも必要ではないかと思います。前出の経営学者であるドラッカー氏も、**「本来やるべきではない業務を効率化しようとすることほど非効率なことはない」**と随分昔から指摘しています。これは、以前からやっている仕事だけでなく、新たに依頼された仕事の場合であっても「本当にそれはやるべきなのか」を考えないといけません。「とにかくやってみる」というフェーズの新人時代であればいざしらず、管理職はもちろん、フリーで仕事をしている人でも「断ること」は重要になるのです。断るという行為は、自分や自分の周りの人たちを救うことでもあります。**なんでもかんでも引き受けてしまうことは害悪にしかならない**のです。

昔からのルールを守ることばかりに一生懸命になっていると、思考の枠にカッチリと固定されてしまい抜け出せなくなってしまいます。幾らでも変更できるルールを「変えられないもの」などと思い込むことで、自らの成長機会をムダにしてしまってはいけません。変えられるルールは変えていきましょう。

トヨタの現場でも、しょっちゅうルールが変わっていきました。

例えば、ディーラーでは整備が終わった後のお客様への説明を「フロント」と呼ばれる人たちがやっていました。フロントというのは整備受付対応の専門職です。お客様への説明はフロントが行うのがルールと決まっていましたが、ある時に「これはメカニックがやってもいいのではないか」という話になりました。実際に作業をするのはメカニックであり、直接お客様に説明をしたほうが伝わるし、お客様も安心するだろう、という考えです。普通の会社であれば、「フロントがやるのがルールだからダメだ」という話になるのかもしれませんが、トヨタの現場では**「じゃあ、まずやってみよう」**となります。そして、実際にメカニックが整備の説明をしていくと、お客様から好評をいただいたために定着していきました。

前例がないからとか、ルールに則していないからといって、変えることを諦めてはいけません。**会社はルールを厳守しなければいけない場ではなく、〝実験の場〟と考えるべきで**

しょう。「みんなで作り上げる」とか「少しでも良くなるよう、改善を続ける」といった原則を常に持ち続け、実験を続けていくためにも「ルールだから」という言葉に捉われることはやめるべきだと思います。

仕事を「多能工」として捉えるとどうなるのか

トヨタの現場では昔から、「多能工」と呼ばれる人材を育てています。「多能工」というのは、1人の工員が多くの作業を担当することで、考案したのはトヨタの元副社長である大野耐一氏です。豊田紡織という会社の出身だった大野氏が、自動車生産工場の現場を見ていてある疑問を感じます。豊田紡織では女子工員が1人で数十台の織機を操作していたのに、自動車生産の現場では工員1人が1台の工作機械しか扱っていないことを課題ではないかと考えたのです。

そして、1人で複数の工作機械を担当する〝多台持ち〟という制度を発案します。さらに1人が複数の異なる工程を受け持つ〝多工持ち〟化を進め、「多能工」という概念が生まれたというわけです。
これは工場に限った話ではなく、ホワイトカラーの現場でも大いに当てはまる話です。例えば、Aさんは採用業務担当、Bさんは経理業務担当というように、1人の社員が1つの仕事を専門で担うのが一般的だと思います。つまり、人員配置を1対1で割り当てる単純な分業制とでもいうべきでしょう。この場合、AさんもBさんも自身の担当の仕事しかできませんから、それぞれの仕事に繁閑があると会社としてはムリやムダが生じてしまいます。

しかし多能工化された組織では、誰しもがどの仕事もこなすことができます。Bさんが採用業務を0・5人分やるなど、細かく配分することができるのです。そうなると柔軟な人員配置が実現でき、繁閑の波をならすことができます。繁閑の波をコントロールできると業務効率は非常に良くなり、1人1人の仕事量の変動にも対応しやすくなるのです。最終的には労働時間の短縮にも繋がっていきますので、こうした体制を実現するために多能工化を進める企業は増えてきているというわけです。

例を挙げると、老舗旅館やホテルの再生事業を手がける星野リゾートでも、以前から従業員の多能工化を進めています。日本の旅館やホテルの現場においては、フロントはフロント担当、清掃は清掃担当、布団を上げ下げするだけの担当など、仕事が極端に細分化されていたといいます。大勢の〝単能工〟による分業体制というのが業界の常識となっていた中で、同社では従業員の間にあった仕事の境界線をなくそうと考えました。フロントや清掃、食事処のサービス、調理といった各業務を全員がローテーションで行えるよう、教育を進めていったのです。そうして1人1人が複数のスキルを覚えて互いにカバーし合うことで、人員を半分近くに減らしても全体としてのサービスの質が高まり、経営難に陥った旅館・ホテルの生産性向上に成功したということでした。

もちろん、会社側がただ一方的に「複数のスキルを覚えなさい」と押し付けるのではなく、多能工に育つほど評価も高まるような人事制度も導入されているようです。

この星野リゾートの例のように、いまや多くのサービス業の現場でも**〝多能工的人材〟が戦力として高く評価される**ようになってきました。では、なぜそのような人材が高く評価されるのでしょうか。私自身も多能工としてトヨタの現場で育てられましたが、メカニックだからといって車の整備をしているだけではありませんでした。営業会議にも参加したり、週末のフェアなどイベント企画のアイデアを出したり、実際に接客をしたり、複数のスキルを身に付けていきました。

普通の自動車会社の整備士ではありえないかもしれませんが、多能工化された会社ではこのようなことが当たり前のように実施されています。時に営業をやったり、時に事務をやったり、と様々な仕事を並列でこなすようになっていくと、**視野が異様なほどに広がっていく**のです。分業で1つの業務しか担当していないと、自分の視界はその業務の中だけに留まります。しかし、多能工として働くと、あらゆる業務にまで視界が広がり、自分の仕事を立体的に捉えられるようになります。そうなってくると、全体の業務の流れを捉えられるようになりますので、流れが悪いところが必然的にわかってくるようになります。**トヨタの現場では日頃から多くの改善提案が上がりますが、この「視野の広がり」も寄与しているのではないか**と思います。

また、視野が広がることで「上には上がいる」ことを感じる体験も増えていきます。営業の仕事を少しやってみると、能力ある営業パーソンがいかに優れているかが実感値としてわかっていきます。そうすると社内で「あの人はすごい」というリスペクトの数が増えていったり、「自分も頑張らなきゃ」と自身の成長のモチベーションにも繋がっていったりするようになりました。自分の担当業務ばかりやっていると**「井の中の蛙」**になってしまいがちですから、〝少し広い海を知る機会〟にもなるということです。

自分が属する組織、という小さな世界にだけ留まっていては、会社全体の動きを肌で感じることはできません。多能工化による社内の繋がりによって、多くの人が**「異なる視点」「気づき」を与えてくれます。**そういった異質性が、自分自身の視野を広げさせてくれ、組織における全体最適に繋がっていくのではないかと思います。

また、他の業務を担当することで、**「自分に向いていること」に遭遇する確率も高まります。**車が好きだから、という理由で整備士になる人は多いですが、やってみると体力的にもつらいですし、感覚的なセンスが問われる面もあります。そこで「自分には向いていないのではないか」と考えてしまって行き詰まる人も一定数いるわけですが、多能工を経験すると文字通り多くの業務を担当しますので「意外に営業が楽しい」とか「事務仕事に没頭した」などと、自分に向いている仕事を見つける機会に繋がっているケースもあります。

実際、トヨタではそれで整備士から営業へ移っていく人もたくさんいます。組織論はさておいて、働く1人の「個」で見た場合には、やはり「この仕事が好きだ」という気持ちで臨んだほうが上手くいくに決まっています。そんな機会を創出する側面もあるのが、多能工化の取り組みなのです。

そうして「個」で身につけたスキルや経験は、どこに行っても通用するようになっていきます。仮に会社を変えたとしても、そのスキルを求められるわけですから、**「多能工化」というのはこれからの時代に必要な視点**といえるでしょう。人間が何かをやり抜こうとするときは、ただ同じ場所を掘り進めるだけではダメだと思います。様々な立場に立ち、様々な角度から掘り進めながら、思考力や行動力を備えていく必要があるのではないでしょうか。そこで培った力が、自分自身の総合力になっていくのだと考えます。

挫折をした時は「HALT」を避けろ

挫折を味わったことがないとか、失敗をしたことがないという人はいないと思います。誰しもが子供の頃から小さな失敗を繰り返すことで成長していきました。有名な言葉ですが、数多くの発明をしたあのエジソンは**「失敗とは、成功体験だ」**と言っています。これはどういうことかというと、〝失敗というのは「仮説が間違っていた」という事実を教えてくれ、「新しい仮説が必要だ」ということを悟らせてくれるという、「成功体験」なのだ〟と大きく捉えているのです。

しかし、昔から日本では失敗が疎まれる傾向にないでしょうか。これはおそらく「正解を当てる」ということを良しとする義務教育の影響ではないかと感じます。義務教育を経ることで、〝間違えてしまうことを恐れる人〟を社会にたくさん輩出し続けているのが現代の日本なのではないでしょうか。

クレイトン・クリステンセン氏の名著『イノベーションのジレンマ』（翔泳社）でも指摘されていますが、大企業の中からイノベーションが起きにくいのは、まさに「失敗を避ける」からでしょう。サラリーマンが受ける人事評価にとって「失敗」というものが致命的になっている気がします。失敗をすると評価が下がり、場合によっては左遷や転籍などにも繋がってしまう。そのため、エジソンの言うところの「失敗という名の成功体験」ができていないのです。

現場で働く人たちは、もっと失敗をしなければなりません。挫折を糧として成長していく必要があるのです。失敗した時は、**「これは次に活かすための失敗だ」**と割り切って、経験やノウハウを体に叩き込んでおくべきです。そして、そんな人たちを容認する組織環境も同時に必要でしょう。日本企業はあまりにも失敗に対して不寛容だと思います。

また、失敗をすると次も同じ理由で失敗してしまう人が多いように思うのですが、これはこれで良いことではありません。「済んだことは仕方ないし」とか「嫌なことは忘れてしまおう」などと言っていると、現場の品質は絶対に高まっていきません。1つ1つの失敗から経験やノウハウを抽出し、**〝同じ轍は二度と踏まない〟**と意識することが大事です。しかしながら、感情的な面においてはきっぱりと忘れて引きずらないようにしなければいけません。失敗をすることで厄介なのは、マイナスの感情が自分自身を支配してしまうことです。この「負」の感情は早めに排除しなければならないのです。

では負の感情を排除するために何をしなければならないかというと、**「HALTを避ける」**ということが挙げられるでしょう。「HALT」というのはアルコール依存症からの回復活動でよく用いられる言葉ですが、空腹（Hanger）・怒り（Anger）・孤独（Loneliness）・疲労（Tiredness）の4つの状態を表しています。アルコール依存から抜ける際には**〝マイナス**

の感情から脱却しなければならない〟ということで、この4つの状態を避けて自制心を強化しなければならない、とされています。このHALTについて、仕事に当てはめながら解説をしてみましょう。

まずは空腹（Hanger）ですが、仕事で集中する際には適度な空腹感が必要だとよくいわれます。ただし、それは心身が万全な状態であるのが前提です。挫折感を味わっている最中では空腹な状態が長く続くと挫折感が増幅してしまうものですから、なるべくお腹は適度に満たしておいたほうがよいでしょう。

次に怒り（Anger）ですが、イライラしている時は感情が増幅されやすくなります。ちょっとしたことでもさらに腹を立ててしまったり、人に対して強く当たってしまったりする経験は誰もがあるかもしれません。挫折感を味わっている時に怒りの感情が入ってしまうと、挫折感も増幅してしまいます。「なんで自分がこんな思いをしなければいけないんだ！」と考え、他責的になって責める相手を探してしまうのです。こうなってしまうと何もいいことはありません。怒りという感情は、消そうとするとかえって燃え広がりやすくなるものですから、その感情は素直に認めつつ、客観的に自分を見つめると冷静になれるかもしれません。

続いて孤独（loneliness）ですが、孤独も怒りと同様に、感情が増幅されやすくなる要素です。挫折感を味わっている時に孤独になってしまうと、どんどん悪いほうに物事を考えてしまいがちです。なんとかして孤独に耐えなさい、ということではなく、なるべく多くの人と交流を図ることが重要です。そうすることで、挫折感を紛らわすことができるだけでなく、自分への自信を取り戻すことにも繋がっていきます。

最後の疲労（Tiredness）は、挫折感に限らず、すべてのマイナスの状態にとって敵になります。睡眠時間が足りなかったり、体調が悪かったりして疲労感があると、何をしても上手くいきません。とにかく睡眠をしっかり取って万全な状態にするべきです。仕事が忙しい人は、睡眠時間を削ってでも物事を進めようとしますが、睡眠時間を削るのは悪循環の最たるものです。しっかりと休むからこそ頭がすっきりし、疲労感もなく仕事に臨めるわけです。疲労を避けるためにもしっかりとした休息を取っていきましょう。

これら「HALT」を意識的に避けることで、挫折感が軽減される方向に作用していきます。さらに、エジソンのような「失敗とは、成功体験だ」という考え方を自分にインストールしていくことで、挫折を挫折とも思わなくなるはずです。

ちなみに、「HALT」は、ドイツ語では〝ストップ〟という意味にあたるそうです。「HALT」は避けるべき対象ですが、挫折感はぜひとも〝HALT（ストップ）〟させたいものですね。

2階級上の立場で考えてみたら何が起きるか

一般的に挫折してしまうきっかけとして、仕事において「問題にぶつかる」ということがあるかと思います。問題にぶつかっている時というのは、どうしても〝与えられた条件下〟で解決する方向を考えてしまいがちです。これもやはり、受験勉強をはじめとする日本の教育システムの弊害ではないかと思うのですが、受験勉強ではどうしても「過去問」と呼ばれる前例に頼ってしまい、予め用意された「正解」に沿った方向で物事を考えてしまうからです。

ビジネスの現場においては明確な正解などほとんど用意されておらず、全く同じ前例などないケースも多々あるわけです。そのような状況でもアクションし続けるためには、思考の枠組みを広げて大局観を持つ必要があります。トヨタの現場では、そんな局面の時の考え方として**「2階級上の立場で考える」**という言葉がよく聞かれました。

会社勤めの人であれば、役職とか肩書きといった立場があると思います。本書をお読みの皆さんも普段、その役職や肩書きの人間として頭を働かせているのではないでしょうか。しかし、もし自分がチームのリーダーならば、リーダーとしての立場だけではなく、課長や部長になったつもりでそのポジションの仕事を見つめ直してみてはいかがでしょうか。そうすると、ものを考える際に、無意識に設定している**「制約条件」を取り払うことができる**ようになります。

1階級上であれば、日頃から直属の上司の仕事ぶりを見ているでしょうからイメージしやすいと思います。さらに、大抵の方は上司に少なからず不満もあるでしょうから、上司としての「あるべき姿」へのイメージを持っているのではないでしょうか。しかし、さらにその1つ上の立場まではあまり意識していないと思います。そこで仮に、「上司の上司」

になったと想像して、やるべき仕事を考え、その中でいまの自分の職務への期待を考え直してみるとどうでしょうか。

もちろん、部長の視点や役員の視点に立とうとすると、どうしても見えない部分も出てくるでしょう。そうなったら資料を読み込むなり、話を聞くなりしてできる限り情報を集め、〝見える努力〟をすればよいのです。そうすることが、さらに自身の視野を広くすることに繋がっていきます。

自分が課長になった時に初めて「さあ課長としてどうしよう」とか、部長になった時に初めて「さあ部長として何をすべきだろう」と考えるようでは遅すぎるのです。自分が一般社員だったら、部長の視点でも目の前の課題を考えてみる。そうすることで、多面的に物事を見ることができて視野が広がっていきます。また、将来的に自分が部長になるための準備運動にもなるというわけです。**正解のない問題に取り組む時は、その問題の「枠組み」を広げるほうが、より良い解決に結びつくことが多い**でしょう。

そしてこれは、普段から誰でも意識してできるはずです。例えばニュースを見て、話題になっている企業を自分が経営するとしたらどうするか、自分がその企業の後継者に指名されたらどういう戦略を立てるだろうか、などといったことを考えるクセをつけるとよいでしょう。もちろん足りない情報は自分なりに収集するのです。情報を集めながらそういったことを日々考えている人は、成果を出しやすく仕事も信頼も集まってくるものだと思います。

また、上の立場になって考えるようになると、日々の業務プロセスや作業工程を俯瞰で見渡せるようになります。工程に関していえば、トヨタの現場では**「前工程は神様、後工程はお客様」**という言葉もあります。自分よりも前の工程というのは、自分ができない仕事をやってくれているから神様のようなものです。自分より後の工程は、自分の仕事を引き継いでくれるからお客様のようなものです。そういった考え方で、前後を意識して仕事に取り組みなさいという意味の言葉です。これはヤマト運輸の前会長である小倉昌男氏も**「前だけでなく、後ろにも横にも目をつけろ」**という言葉で指摘していましたが、仕事というのは1人で完結するものではないということです。

例えば、自分が工場内で〝組立工程に対して部品を供給する担当者〟だとしましょう。その時に、部品の並べ方がバラバラなままだったり油がついたままだったりすると、組立工程の人は作業に取りかかる前に部品の配置を直したり、油を拭き取るといった余計な作業が必要になってしまいます。こういった時に「後工程はお客様」と考えれば、何をするべきなのか、すぐに気づくはずです。つまり、単に必要な部品を供給すればよいということではなく、後工程の人がすぐに作業ができるようにキレイな部品をキチンと並べて届けるといった心配りができるようになるはずなのです。このように、仕事をする際には**「自分にとってのお客様は誰か」**を頭において、**「お客様のために何ができるか」**を考え続けることが大切なのです。

そのように考えていくことで、自分たちが目先で「何をすればよいのか」が見えてくるはずです。自分たちの仕事をしっかりと進めていくのと同時に「こうしたら後工程の人はもっとやりやすくなるんじゃないか」と考えていく必要があるのです。先ほどの部品の並べ方でいうならば、例えば複数の部品を「作業する順」に並べてあげるだけで作業がとてもやりやすくなるはずです。こういったことを考えながら手を動かすことが、〝**自分の仕事に付加価値をつける**〟ということになるわけです。そして、それが自分の成長のみならず、企業の成長へと発展していくのです。

考えても何をすればよいか浮かばないという人は、まず自分の後工程の人に「何か困っていることはありませんか？」と聞いてみるのもよいでしょう。もしかすると、自分たちが考えている改善と、後工程の人が求めている改善がズレているかもしれません。それを修正するだけでも、各プロセスがスムーズに繋がっていくはずです。

問題発生時に「モグラ叩き」をしてはいけない

前項では「大局観を持つために2階級上の立場で考える」ということをお伝えしましたが、そうはいっても「目の前の問題の解決」も進めていかなければならないかと思います。では本章の最後に、実際に問題にぶつかった際の考え方をご紹介していきましょう。

問題にぶつかった際、日本の企業でよく見受けられる動きとして**「モグラ叩き」**が挙げられるのではないかと感じています。モグラ叩きというのは、表現を変えると「場当たり的」や「その場しのぎ」とも言えるでしょう。何か問題が発生した際に、その場だけをしのごうとして応急的な処置をしたり、自分だけが免れようとして、場当たり的な対応をするような動きのことです。

皆さんの周囲には組織としての全体最適を考えず、「自分さえ良ければいい」という部分最適の考えを軸にして仕事をしている人や、その場しのぎの仕事をしている人はいないでしょうか。日本の多くの企業では、「忙しい、忙しい」などと言いながら、内情をよく見ていくと、ただひたすら「モグラ叩き」を繰り返しているだけ、といった例も少なくありません。

なぜ「モグラ叩き」と呼ぶかといえば、畑で農作物を育てている時にモグラが出てきて荒らしてしまう、という場面をイメージするとわかりやすいと思います。自分の目の前にモグラが現れて、まさに農作物を食べてしまおうとしている時に、「しっしっ」とモグラを棒で叩いて追い払う、という行為はまさに「その場しのぎ」です。その時は追い払えるかもしれませんが、翌日にはまた現れて農作物を食べてしまうかもしれません。ここで考えなければならないのは、根本的な問題点です。根本的な問題は「モグラが現れてしまうこと」ですから、「どうしたらモグラがこの畑に近寄らないか」を考えなければなりません。

つまり、**根本的な問題を正確に把握すること**が非常に重要だということです。そうでなければ、問題ではないことを解決するために、多くの時間やエネルギーを消費することになってしまいます。では、どのようにして「モグラ叩き」を回避し、根本的な問題に辿り着けるのでしょうか。

そこで重要になるキーワードが**「なぜ5回」**です。トヨタの現場では昔から、この考え方が広く伝わっています。**問題に直面した際に、「なぜを5回は繰り返せ」**ということです。「なぜ」を一度ならぶつける人もいますが、1~2回で止めずに「なぜ？」「なぜ？」「なぜ？」……と5回は繰り返していくことで、思考回路が回り出し、より本質的な問題点に辿り着くことができるのです。

実際、私も現場で何度も経験しましたが、例えば新人の時にこんなことがありました。ある時、「ブレーキから音がする」というお客様が来店しました。ブレーキを踏むたびにキーキーと音がするというのです。先輩の指示でブレーキ回りの状態を確認すると、ブレーキパッドが大きく摩耗していることに気づきました。ブレーキパッドは摩耗すると音が出るようになっているため、よくあるパターンでもあります。ブレーキパッドを交換する必要があると先輩に告げると、先輩は交換用のブレーキパッドを持ってくるでもなく、「なぜブレーキパッドは減ったんだ?」と聞いてきました。

私はキョトンとしながら「そりゃ、ブレーキを踏んだから摩耗して減ったんじゃないですか」と答えます。すると先輩は「じゃあ、なぜブレーキを踏むんだ?」と聞いてきました。私は「それは……、たくさん走ればたくさんブレーキを踏むからです」と答えたのですが、先輩は「本当にたくさん走っている?」と聞いてきます。私は慌ててその車の走行距離を確認すると、1万kmほどでした。通常ブレーキパッドは2万~3万kmが交換目安です。メーターを見ながら固まっていると、すぐに先輩が「なぜこの距離でパッドが減っているんだ?」と聞いてきます。私は慌ててもう一度ブレーキパッドを手に取ってよく見ると、外側は大きく減っているのですが、内側は全く減っていないことに気がつきました。そう、片側だけが減ってしまう「片減り」という現象が起きていたのです。「なぜ片減りが起きているんだ?」と必死に考えた結果、ブレーキパッドを挟み込む「キャリパー」という部品が正しく動作していないことがわかりました。結果的に、音が消えただけでなく、キャリパーを交換することでブレーキパッドの片減りもなくなったのです。

「パッドから音がするならパッドを交換しておけばいい」という考えは、モグラ叩きです。

この車であれば、またすぐにブレーキパッドが片減りして音が出てきたでしょう。そうなると、お客様も「なんでブレーキパッドを交換したのに、またすぐ音が出てくるんだ……」と不安になってしまいます。こういったことを通じて、**常に「なぜ?」を問いかけていなければ真の問題は見過ごしやすいものだ**と新人の時に学びました。このように問題点の本質に遡って真因を突き止めようとするこの姿勢を専門用語で**「源流主義」**と呼ぶそうですが、この「源流主義」こそがいまの日本企業には必要ではないかと思うのです。

いま私の周りにいる優れた経営者たちは、解決すべき問題が何かを正確に知るために十分な時間をかけているように思います。しかし、逆に失敗してしまう一般の人は、問題を正確に把握するより前に、むやみに解決しようとしてあくせくしてしまうのです。この部分は後々大きな差になってしまいます。実際、時価総額で世界第4位の巨大企業 Amazon の創業者であるジェフ・ベゾス氏も、この辺りの考え方を非常に重視しているそうです。問題が起きると徹底的に「なぜ」をぶつけるそうで、「どうしてそんなに〝なぜ〟をぶつけるのか」とメディアに聞かれた際、ベゾス氏はこう答えたそうです。

「起きたことに対しては、どんなことであれ、その根幹にある理由を突き止めるんだ」と。

私はまさに現場にいた人間ですが、ビジネスの世界では**「現場力」**というキーワードもよく耳にします。これは様々な解釈があると思いますが、私なりに思う「現場力」とは、端的に言って「3つの能力」を指していると思います。

まず**「問題を発見する」力**です。ただ言われたことだけをやるのではなく、何か問題があればそれに気づかなければいけません。

次に**「問題を提起する」力**。問題に気づいても「言わない」「触れない」では、気づいていないのと同じです。「これは問題ではないか」と提起しなければなりません。

そして、**「問題を解決する」力**。問題が発見されても、知恵や工夫がなければ問題解決は実現しません。それぞれの現場における創意工夫こそが、問題を解決へと導いてくれるのです。現場力を発揮して結果を出す方向へ作用させるためにも、「なぜ」を常にぶつけて「モグラ叩き」は絶対に回避しなければなりません。

まとめ

実行力をつける「2つの締め切り」

大野耐一氏が生んだ「多能工」の発想

モグラ叩きを避ける「なぜ5回」

第4章

Action4
【カイゼン】

〈例文〉
*Plan-Do-Check-**Action***
→（PDCA Cycle）

さらに
成長するために
必要なカイゼン
思考とは

PDCAサイクルは、Actionするためにある

ＰＤＣＡサイクルは仕事における基本的なフレームワークとして有名ですが、最近では義務教育の過程でも教えられるほどメジャーな考え方になりました。もはやビジネスにおける1つのフレームワークとして捉えるものではなく、年代やスキルを問わず**「成長のベースとなる考え方」なのだ**といえるでしょう。ですから、ビジネスパーソンに限らず必要となるものです。

ＰＤＣＡのＰはPlanで、ＤはDo、ＣがCheckで、最後がActionです。目標達成のためには、目標を具体的な数値に変え、数値達成に向けて施策の実施・改善を繰り返すことが効果的です。その循環を4つのプロセスに分解したのがＰＤＣＡです。端的に言うとそのような説明になりますが、この章では「何事もやりきる人」の頭の中では、ＰＤＣＡにおける「Action」がどのように捉えられているのかを解説していきたいと

思います。

ＰＤＣＡサイクルにおけるActionは何を意味しているかといえば、前述の通り「改善」です。トヨタの現場では昔から「改善」が当たり前のように進められていました。ちなみにトヨタでは、改善活動をグローバルで推進するという認識から「カイゼン」とカタカナが用いられています。「当たり前のように進められる」と書きましたが、本当に呼吸をするのと同じような感覚でカイゼンに取り組んでいます。

そのため、いまトヨタにいる人はおそらく当たり前すぎて特別なことをやっているという意識はないはずです。これは私自身もそうで、トヨタ以外の会社に移った時に初めて〝カイゼン活動の偉大さ〟に気がつきました。ただ、ＰＤＣＡにActionが組み込まれているように、カイゼン活動をすることは本来当たり前なわけで、逆にActionをしていないなどというのは、仕事をしていないのと同義なのです。**目の前の仕事に対して「もっと良くしよう」というカイゼン活動をしなくて何が仕事といえるでしょうか。**

そもそもＰＤＣＡサイクルについて誤解されている面もあるのですが、ＰＤＣＡサイクルというのはただの円ではありません。もう少し立体的に考えると、らせん階段のようなものです。サイクルを回すというのは、つまりらせん階段をのぼっていくようなイメージで、同じ場所を通らないのです。専門用語で**「スパイラルアップ」**とも呼びますが、同じ場所を通らないということは、「同じやり方で同じ仕事をしない」ということです。つまりは、常に「もっと良くしよう」と考え続けなければならないのです。

そのためにトヨタの現場で何をしているかというと、現場で発生する問題点を日常活動の中で共有したり議論したりしています。例えば商品開発の現場では、「朝市」と呼ばれる場があり、そこで毎日課題の棚卸しを行っていますし、「夕市」と呼ばれる場では解決策の討議や共有を行っています。また、開発部門の現場では「フォーラム」と呼ばれる業務改善ミーティングが毎月開催され、部門内の大きな問題点に関する改善を議論しているのです。

私がいた整備部門の現場では、第1章でも書きましたが「アイデアツールコンテスト」というカイゼンの大会が毎年開催されていました。日々の仕事におけるカイゼン案を1枚の紙にまとめ、そのアイデアを競う全国大会です。カイゼンをするのは日常的な行為でしたが、そのアイデアを競うということもあって、いつもより力が入りました。幸いなことに2年連続で神奈川県代表となり全国大会に出場させていただきましたが、全国から集まったカイゼン案を見て、さらに刺激を受けたことをよく覚えています。

ここまでの話をまとめると、トヨタの現場におけるActionは**「カイゼンをするのが当たり前」**であり、**「当たり前に続けるための仕組みがある」**ということがおわかりいただけたかと思います。当たり前に続けるための仕組みを考えることもカイゼン活動といえますので、日々の仕事はカイゼンによって成り立っているといっても過言ではないかと思います。

では、カイゼンに向き合う根本的な考え方としてどのようなものがあるのか、次の項から続けてご紹介してまいります。

言う通りにやるやつはバカだ

トヨタの現場にいた頃、先輩に言われて衝撃だった言葉がありました。まだ新人の時でしたが、先輩から作業指示が出たので言われた通りの作業をしました。そして先輩に完成した状態を見せながら報告をしたところ「お前、言われた通りにやってどうすんだよ……」と呆れられてしまったのです。先輩の言葉を聞いた時、私は意味がわかりませんでした。言われた通りに仕事をしたのに、なぜ呆れられてしまうのか。後で説明を受けながら徐々に理解をしたのですが、つまりは**「Action が足りない」**ということだったのです。

前項でお伝えした通り、トヨタの現場では「カイゼンをするのが当たり前」です。ですから、指示された仕事に対してその通りに行うのではなく、自分なりの「カイゼン」を付加することが求められます。それは本当にちょっとしたことでも構わないのですが、**とにかく自分の頭を使って以前より少しでも良い状態にすること**が重要なのです。まさに〝それこそが仕事だ〟というわけです。ですから、何も考えずに言われたことだけをやってしまうと「言う通りにやるなんてバカか」「仕事をしろ」といった言葉を投げかけられてしまうのです。

私がこういったことを言われていたのはもう10年以上も前の話ですが、現代においては特にこの話の重要性が増しているように思います。なぜかといえば、ＡＩやロボットが産業に浸透してきている時代になっているからです。

世界屈指の未来学者、トーマス・フレイ氏は**「２０３０年には、全世界の雇用の半分である20億人の雇用が消えるだろう」**と言っています。

そして同様の話や記事を頻繁に目にするようになってきました。例えば、オックスフォード大学で人工知能などの研究を行うマイケル・A・オズボーン准教授が発表した論文には「コンピューターに代替される確率が90％以上ある仕事」の一覧が掲載されており、世界に衝撃を与えました。

そして実際、すでにコンピューターに置き換わりつつある仕事も出てきています。コールセンターでの返答をＡＩが自動で行っていたり、ホテルのフロント業務をロボットが対応したり、投資の判断や就職のアドバイスなどもコンピューターが自動で行うようになってきました。

これまでの時代でもロボットやコンピューターは仕事の中に取り入れられていました。しかし、それは「ものを運ぶ」とか「大きさを分別する」といったルーチン作業に限られており、人と人とのコミュニケーションが必要な仕事は難しいとされてきました。しかし、昨今はロボットも高性能になってきており、より複雑な作業を担うことができるようになってきたのです。これからは人間が行うほぼすべての「物理的な仕事」はロボットに代替されるといわれています。つまり、指示通りに動いている人や、決められたアルゴリズムだけで仕事をしている人というのは、「もうロボットでもいいじゃないか」となるわけです。

ですから、10年以上も前からトヨタの現場で言われている「言う通りにやるな」という言葉が近年特に重みを増してきているということがおわかりいただけるかと思います。「指示通りにやる」のではなく、**「自分で考えて、自分で試す」**ということが非常に重要なのです。もう少し具体的に、何をしなければいけないか考えてみましょう。

私たちが何をしなければならないかというと、大切なのは機械に代替されることのない**「ユニークな能力=個性」を鍛えること**ではないでしょうか。誰かの指示通りに仕事をして効率がどんどん上がっていくのなら、それは自分以外の誰でもできてしまうことですから、自分でなくても構わないわけです。

1人1人が自分の頭で考えて自分自身で試していくことは、誰もやっていないことです。この**「誰もやっていないことをやってみる」**ということが非常に意味があるのです。誰もやっていませんから、はじめのうちは反発を買うかもしれませんし、評価も低いかもしれません。それでも繰り返し続けていくことで結果に繋がり、その努力の価値が理解され、対価となっていくのです。ですから、努力というのはすでに対価が決まっているものではなく、後追いで対価がついてくるものではないかと思います。それら一連の動きを、トヨタの現場では「仕事をする」と呼んでいたのです。

実際、現場では「チェンジニア」などという造語もありました。部品を交換する際に、決められた手順で決められた通りに部品を交換すると「ただのチェンジニアかよ」などと冷ややかな言葉を投げられてしまうのです。言うまでもなく、エンジニアを揶揄した言葉です。

ここでもやはり、意味することは同じでした。ただ部品を交換するだけではなく、「もっと速く部品を交換するには、手順をどうバージョンアップしなければならないか」「部品を交換する際にミスを減らすためにはどのような予防策があるか」といったことを自分なりに考えて取り組まなければ、自分がその仕事をしている価値がない、ということなのです。

来るべき〝ロボット時代〟に備える意味でも、自分がその仕事をする価値をどのように見出すべきなのか、常に考えながら臨むべきでしょう。

もっとラクになる方法はないのか

目の前の仕事に価値をつけていくことがActionだというわけですが、これは、「いままでより早くする」とか「いままでより良いものにする」といったことだけではありません。

実際に現場であった話ですが、ある時に、一連の作業プロセスを時間短縮するための取り組みをしていました。ある程度まで時間を縮めることができ「もうこれ以上は無理かな」と思って先輩に相談しにいったのですが、先輩から思いがけない問いかけがありました。

「もっとラクになる方法ってないの？」

その先輩いわく、いままでより作業の質を高めるだけではなく、同じ作業であっても「もっと力を抜いてやる方法」や、「手順を減らす方法」を探してみたらどうか、ということでした。「ラクになる」という発想は仕事の中で考えたこともなかったので、目から鱗だったのをよく覚えています。そして、実際に「ラクになる」という視点で考え直した結果、その作業では力をかけずに同じ作業をする方法や、減らせる手順がまだまだ見つかっていきました。

「ラクをする」という言葉だけを聞くとなんだかサボっているイメージが思い浮かびます。一般的なイメージとしては「やるべきことをやらない」ことになるかもしれません。皆が仕事をしているのに休憩室でスマホゲームをしているとか、公園のベンチに座ってボーッとしている、という感じですね。しかし、先輩が言っていた「ラクをする」というのはそうではなく、**〝同じ結果や成果を上げながらも労力は減らしていく〟**ということだったのです。

株式会社の活動で例えてみましょう。基本的な話ですが、会社の「利益」というのは「売り上げ」から「経費」を引いて算出されます。つまり、売り上げを伸ばせば利益は増えますし、経費を減らしても利益は増えます。先ほどの「ラクをする」というのはつまり、**売り上げは変わらずとも経費をいかに減らせるかを考える**、ということになるわけです。力をかけずに同じ作業をしたり手順を減らしたりすることで、自身のリソースに余裕が出てきます。これが会社における利益です。そのリソースを使って、新たな活動を進めることもできるわけですから、これは会社でいえば利益の再投資のような動きになるわけです。

国が推進している「働き方改革」などでは、どうしても残業時間の抑制ばかりが着目されてしまいます。ただ単に時間を減らすだけというのは、あまりに表面的な対応であり、本質的ではありません。経済成長を遂げていた右肩上がりの昭和の時代には、とにかく量を増やすことが重視されました。たくさんの時間を費やして働き、たくさんの製品を作っていく。そんな時代だったと思います。しかし経済成長が鈍化しているいま、必要なのは量ではなく質です。たくさんの時間を費やして働くのではなく、同じ時間の中でいかに成果を出せるか。たくさんの製品を作るのではなく、いかに少ないリソースで同じ製品が作れるか。そんな風に、**「同じ結果をいかにラクして得られるか」**を考えるべき時代になっていると思うのです。

ラクをすることの意味をはき違えてはいけません。また、上手にラクをしている人を見て「サボってる」などと無意味な批判をするのもいけません。そうではなく、「ラクができている」ということを評価しなければなりません。ラクをしているということは、**しっかりと知恵を絞っていて、時間というリソースを優先的に扱っている証拠なのですから。**

しかし、管理者層を中心に多くのビジネスパーソンはラクを目指していないように感じます。トヨタの現場を経験した私からすると、なぜラクをしようとしないのか不思議なのですが、おそらく「慣れ」があるのかなと思っています。いまのやり方に慣れてしまっているため、もっとラクな方法があったとしてもそれを受け入れようとしないのではないでしょうか。つまりは「変えないこと」がラクだと思っているわけです。しかし、**「変えない」ということは一番悪い選択です。時間も労力もムダにしてしまう愚かな行為であり、怠慢ともいえるでしょう。**仕事をする以上は、積極的に「ラクな方法」を模索していかなければいけません。

仕事は自働化せよ

では、私たちがラクに仕事をしていくために何をしなければいけないでしょうか。

1つ重要なのは、**仕組みを設けてしまう**ということです。第2章でも「人を責めるな、仕組みを責めろ」という言葉とともに考え方をご紹介しましたが、トヨタの現場では「いかに頑張るか」ではなく「どうしたらラクに成果が出せるか」を考え、そのための仕組みを作ろうとします。仕組みというのは、誰がやっても何度やっても、同じ成果が出せるものです。はじめに時間をかけてでも仕組みを作ることで、後がラクになっていく。まさにそんな動きを狙うべきなのです。

一時的に成功するのではなく、成功し続けている企業には、多くの仕組みがあります。仕組みというと何か特別なツールを使っているのかと思われがちですが、単にシステムやツールを導入すればいいというわけではありません。どんなツールを導入しようとも、最終的にそれを使うのは人間です。ですから、そこでいかに知恵を出せるかが重要なのです。手でやっていたことを自動でできるようにすることを自動化といいますが、トヨタは昔から**「自働化」**と言っており、「動」ではなく「働」という字を使っています。これはつまり、〝にんべん〟がついている分、**人の知恵を使って自動化させている**ということを表しているのです。

では、どのようにして知恵を使って仕組みを作っていくべきなのか、簡単に手順をご紹介しましょう。仕事の「仕組み化」は、次のような手順で実現できるといえます。

〈手順1〉仕事を仕分ける

はじめは、自身が担当している仕事や、手を動かしているものについて、分類をしていきます。目の前の仕事について「自分でやらなければ成立しない仕事」と「自分でやらなくてもよさそうな仕事」で仕分けます。さらに「自分でやらなければ成立しない」と判断した仕事について、改めて「他人でもできる部分はないか」と考えていきます。そうして「自分でやらなくてもよさそうな仕事」のリストを作っていくのです。

〈手順2〉優先順位を考える

「自分でやらなくてもよさそうな仕事」に分類した仕事の中で、「どの仕事から仕組みを作っていくべきか」という優先順位を考えていきます。手当たり次第に取りかかってしまうと中途半端になってしまったり、本業を圧迫したりするなど本末転倒な結果になってしまいかねません。

仕組みを作っていくべき仕事で優先順位が高いのは、「多くの時間を取られてしまっているもの」です。大して重要ではないけれど頻度が高く、トータルでみるとかなりの時間を費やしているようなものほど、仕組みを作ることでラクになっていきます。多くの時間を取られてしまっている仕事から着手すべき理由は、まず**「時間を生み出す」ことが最重要だから**です。私たちの時間には限りがあります。何かをしようとすると時間という名のリソースが必要になりますので、まずはその時間を生み出さなければならないのです。生み出すといっても神様ではないので時間を自在に創出することはできません。ですから、まず時間が取られているものから優先的に仕組み化していく必要があるのです。

〈手順3〉仕組みを考えていく

優先順位を決めたら、実際に仕組みを考えていきます。「仕組み」の定義は前述した通り「誰がやっても何度やっても、同じ成果が出せるもの」ですから、その定義に沿ってツールを使ったりシステムを組み合わせたりしながら知恵を絞って仕組みを考えていきます。アナログなものであっても〝チェックリスト〟などは典型的な良い仕組みでしょう。定例の業務でやらなければいけないことをすべてまとめておき、リスト化しておくのです。

良い仕組みを作るためのポイントとして、**「開始時と終了時も仕組み化する」**という点が挙げられます。どのタイミングでその「仕組み」が発動するのか、どうなったら完了なのか、といった部分も仕組みにしてしまうのです。ちょっとわかりづらいかもしれないので例を挙げてみましょう。

あるイベント会社は毎月開催しているイベントの準備に追われていました。会場の手配や資料の用意、備品の準備などやるべきことが山のようにあったそうです。それらの仕事を仕組み化するべく、やるべきことのチェックリストを作成しました。そして、イベント開催の1週間前に準備担当者へアラートメールが飛ぶようになっており、そのメールにチェックリストが添付されているのです。担当者はファイルを開き、チェックリストの通りに対応を行っていきます。そして、すべてのチェックが埋まったらファイルの下部にあるボタンを押すと、関係各位に「準備完了」というメールが送信されるというものでした。これはまさに「仕組みの設定」と、発動および完了タイミングの設定までが整った良い仕組み化の例ではないかと思います。

〈手順4〉実行して振り返る

このような仕組みを考えたら、実際に運用を始めていきます。しかし、運用が始まったら終了ではありません。仕組みというのはいきなり良いものができるわけではありません。運用をしながら改善を重ねていくことで、効果的な仕組みになっていくものなのです。

仕組み化する手順をご説明してきましたが、最後の手順で書いた「振り返る」という部分についてもう少し解説しましょう。この章ではPDCAにおけるActionについて説明しているわけですが、**Actionを最大化するためにはCheck（評価）を積極的に実施すべき**です。仕組みの完成をゴールとして満足してしまうのではなく、その仕組みが正常に機能しているのか、成果に繋がっているのかをしっかりと評価すべきです。それが次のActionにも結びついていくというわけです。

多くの企業で「仕組みは作ったけれど、運用されていない」という状況を見てきました。こういった場合でも、「なぜ運用されないのか」を振り返る場が必要です。Actionを続けるためにも定期的なCheckを設定していきましょう。「仕組みは作ったけれど、運用されていない」という状況で考えられるのは、第3章「計画を見える化することで起きること」でも書いた**「見える化」が足りていない**のが原因になっていることが考えられます。たとえリーダーが優れた仕組みを作ったとしても、「その仕組みを活用する理由」がメンバーに伝わっていなければ、メンバーは動いてくれません。

仕組みを作った時や振り返る際などに、「なんのためにこの仕組みを活用するのか」「なんのためにこの仕事をするのか」といった目的を見える化し、日々メンバーに伝え続ける必要があるでしょう。そうすることで、優れた仕組みが動き始めていくのです。仕組み化して環境を整えてしまえば、意志の力に頼らなくても、少ない自制心でも、体が勝手に動くようになっていきます。労力のいることは環境に任せてしまうべきなのです。

いまがピークだと思った時点で成長は止まる

ここまで、トヨタの現場で語られている「いままでより早くする」「いままでより良いものにする」「ラクになる方法を考える」について説明してきました。いずれの考え方にも共通するのは**「変化」**です。トヨタの現場において「変化」というキーワードは常に意識されるものでした。

印象的だったのは、先輩からいつも**「いまやっている方法が一番いいと思うなよ」**と言われていたことです。どんな仕事の手順であっても、現状を常に否定し続け最善の方法を探求していくというわけです。否定という言葉はネガティブに捉えられがちですが、見方を変えれば新しいものを生み出す〝エネルギー源〟ともいえるでしょう。これまで多くの経営者が過去を否定して新しいサービスを生み出してきていますが、ビジネスの世界では、現状を肯定して立ち止まっていては新しいものは何も生まれてきません。

しかし、多くの企業では現状維持の姿勢が目に余るように思います。一般企業の現場の人に話を聞くと、「決して現状に満足しているわけでもないし変えなければいけないのはわかっている」と言いますが、結局は新しい一歩が踏み出せずに、ズルズルと先送りしながらいままで通りの状態を続けてしまっているのです。

こうしたことが起こるのは、**「現状維持バイアス」**の影響が少なからずあるのではないかと考えます。現状維持バイアスというのは、「大きな変化や未知なるものを避けて、現状を維持したくなる」という心理作用で、心理学の世界ではよく耳にする言葉です。そもそもバイアスというのは、「先入観」とか「偏見」という意味です。

例えば白衣を着ている人とTシャツに短パン姿の人が並んでいるとした場合、病院に行ってどちらの人に診察をして欲しいかといえば、誰しもが白衣の人だというはずです。実際、Tシャツに短パン姿の人がお医者さんだとしてもです。これは、外見からその人を判断しているわけでバイアスがかかっている状態を表しています。同様に、全然知らない人であっても白衣を着ている人が健康の話をすると信憑性を感じてしまうものですが、こういった先入観は時に客観的な判断を阻害してしまう要素となりうるのです。

バイアスには数多くの種類があり、その中の1つとして先に挙げた「現状維持バイアス」が存在します。前述のとおり、人は行動をしなければならない局面で、変化することを避けて現状維持を選択しやすくなってしまうのです。

なぜ現状維持を選択しやすいのかというと、現状を変えることによって「何かを失うかもしれない」という不安が「何かを得られるかもしれない」という期待よりも上回ってしまうからだと考えられています。世の中に何か新しいサービスが出てきた時も、多くの人が「何か落とし穴があるかもしれない」とか「怪しい」といった目で見てしまい、客観的に見て合理的な選択をすることができなくなるのです。そのため、**多くの人は無意識のうちに「何もしなくていい理由」を探し始めてしまいます**。

この「現状維持バイアス」のせいで多くの人が現状を正しく認識することができず、間違った意思決定をしてしまっているといえるでしょう。明らかに現状が悪くなって変化が求められている局面であっても、明らかに「やれば良くなる」とわかっている局面であっても、変化を避けて現状を維持しようとしてしまう場面が多々あるのです。

私の周りでも、「明らかに好条件の転職先が見つかったのに、不安だから転職をやめてしまった」という人や、「社内で上司から評価されて昇進を告げられたけれど、いまの仕事をそのまま続けたいから固辞してしまった」という人など、「現状維持バイアス」が働いているケースを何人も見てきました。誰の目から見ても現状を変えたほうがメリットは大きいだろう、という状況であってもそれを避けてしまうのです。

ビジネスの現場では、よく**「ゆでガエル現象」**などと言われる例え話が出てきます。「カエルをいきなり熱湯に入れると飛び出して逃げるのに、水の状態からじわじわと温度を上げていくと、カエルは温度変化に気づかず、生命の危機を感じないままゆで上がって死んでしまう」というもので、GE社のジャック・ウェルチ氏がビジネスの現場で使い始めたといわれています。先ほどから述べている現状維持バイアスがかかり続けていると、〝ゆでガエル〟のように死んでしまうかもしれません。死んでしまうというのは少し極端な表現かもしれませんが、中国の昔話でも同様の意味を持つ次のような話があります。

「守株待兎」
ある農民が、切り株に突進して気絶するウサギを見ました。
農民は、まんまとそのウサギを捕らえることができました。
彼はこれからも必ずその切り株にウサギがぶつかって手に入ると思い、
以降、その切り株を自分のものとして後生大事に守りながら
一生を終えました。

これは中国戦国時代の法家である韓非の著書『韓非子』にある**「株を守りて兎を待つ」**という話ですが、この話の肝は、「上手くいったいまの状態がずっと続く」と考えてしまった結果、農民は寂しい人生を送ってしまったということです。このような寂しい仕事人生を送らないためにも、まず「現状維持バイアス」というものを自覚して、人間はそういった考え方に陥りやすいのだと認識しておくことが大事です。そのうえで、**積極的に〝変化〟を選択していくべき**でしょう。**いまの状態がピークだなんて思った時点で自身の成長は止まってしまうのです。**

生きていくうえでは誰しもが「明日はもっといい日になりますように」と願っていると

思いますが、願っているばかりでは叶うはずもありません。より良い人生を生きたければ、まさに必要なのは「Action」です。**昨日と違うことを考え、昨日と違うことをし続けなければ、自身の成長はおろか「いい日」など訪れない**のではないかと思います。

現場作りとは、いかにして〝知恵を出す場〟を作るかだ

Actionを続けるためには、「続けるための場」をいかに作るか、ということも重要です。皆さんは会社や職場をどんな場所と捉えているでしょうか。「毎日行かなければいけない場」でしょうか。「お金を稼ぐための場」でしょうか。「チームで夢を実現する場」でしょうか。

トヨタの現場では、**「現場とは、知恵を出す場所だ」**という意識が強くありました。毎日毎日、知恵を出すために足を運ぶ場所。それが現場だということです。

トヨタに限らず、良い会社というのは現場から次々とアイデアが湧き上がっているように見えます。それはもう、多すぎて整理をするのが大変なほどです。これは、リーダーや部長が率先して素晴らしいアイデアをたくさん出してくるという訳ではありません。むしろ上司の仕事は、優秀なアイデアを現場から引き出していくことにすぎません。

「現場から全然アイデアが上がってこない」と嘆くリーダーやマネージャーは、自分自身にも問題があると考えなければなりません。アイデアが集まらないのではなく、「他人の助けをうまく得られなかった」と考えるべきでしょう。知恵を出す場を作るためには、**自らが〝助けられやすい人〟になる必要がある**のです。では、周囲から助けを得るために何をしなければならないでしょうか。5つご紹介しましょう。

(1) 話を聞くための姿勢と空気を作れ

そもそも聞いてもらいやすい空気がなければ話をしてもらえません。「このアイデアは、あの人に話してもムダだろうな」と思われてしまうとメンバーが集まってくることはありません。まずは日頃から「話を聞く」という姿勢を見せることが重要です。時に相手が沈黙したとしても、それも含めて受け止めてあげることを心がけましょう。

(2) ジャッジをしないこと

周囲からアイデアが出てきたとして、その場で「良い」「悪い」のジャッジをしないことです。「良いアイデアを出すならいいじゃないか」と思われそうですが、まずは数が集まる環境を作ることが大事です。「ダメと言われたらどうしよう」とか「こんなアイデアを言ったら怒られるかも」と思われてしまうと、萎縮してしまいアイデアも集まってきません。中身のジャッジよりも数を出してくれたことを評価しましょう。

(3) 尋問や詰問をしてはいけない

「良い」「悪い」の判断をしないからといっても、「なんでそのアイデアにしようと思った？」とか「それっておもしろいと思う？」などと尋問のようなことをしてはいけません。それから、「悪い」とは言わないまでも、出されたアイデアについて人前でケチをつけるような発言をしてもいけません。それがいくら稚拙なアイデアだとしても、です。見波利幸氏の『心が折れる職場』（日本経済新聞出版社）によると、うつ病の原因として最も多いのは長時間労働やパワハラよりも、「人前で自分の能力のなさが露呈されること」なのだといいます。

(4) 何ができるかを一緒に考えてあげること

「良い」「悪い」の判断はしないわけですが、「できる」「できない」という判断も同様です。「そのアイデアではこういったことが実現できないだろう」というように、できない点にフォーカスしないようにしましょう。「できる」という場合にも、独断で「それはできるね」と決めてしまうのではなく、**「このアイデアを膨らませると何ができるかな」**というように、実現可能性について一緒に考えていきましょう。メンバーからさらなるアイデアを引き出すことができるかもしれません。

(5) 自分を頼りにしてくれたことへの感謝を伝えよう

自分が上司だからといって、必ずしも周囲のメンバーは自分を頼ってくれるわけではありません。部下がアイデアを出すのは当たり前だ、などと考えず、まずは自分を頼って相談してくれたこと、アイデアを出してくれたことに感謝しましょう。そしてその感謝の気持ちを必ず言葉にするのです。心の中で思っていたとしても、口に出さなければそれは相手には伝わりません。また、会社組織とはいえ、働いているのはそれぞれ1人の人間です。1人の人間としてのリスペクトを忘れずに接してあげましょう。

以上、助けを得ながらアイデアを引き出すためにやるべきことをご紹介しました。このような対応をしていかなければ、いつまで経っても人の知恵は集まってこないといえるでしょう。自分自身だけで考えることに集中してしまうと、どんどん「孤軍奮闘」になってしまい、そのアイデアで大きな力を発揮することはできなくなってしまいます。人には得手不得手があるのですから、アイデアや体力や特殊な技能など、それぞれが得意なものを持ち寄って補い合えばいいのです。

なんでも「1人でやらなければ」とか「自分がアイデアを出さなければ」などと考えるのは、相互補完の流れを断ち切ってしまうことでもあります。**持ち寄ってくれるメンバーに感謝しながら、どんどんアイデアを引き出していきましょう**。それが、〝Action できる現場作り〟というものです。

変化こそが安全性を保証する

この章では、PDCAにおけるAction（カイゼン）についてお伝えしてきました。章の冒頭でもお伝えした通り、PDCAにおけるActionでは同じ場所を通らないようにカイゼンをしていきます。つまりは常に変化が求められるわけです。実際、トヨタの現場で働いていた時も「変化」に関連する話はたくさん耳にしましたが、特に際立っていた指導についてご紹介したいと思います。

第1章でも触れましたがトヨタでは「三現主義」が徹底されており、多くの経営層の人たちが頻繁に現場を訪れます。ただ形式的に現場に行くだけではなく、現場の様子を細かく見ているのですが、ある時に経営層の人たちから店長が呼び出され注意されているところを見てしまいました。何気なく聞き耳を立てていると、**「現場の様子が先月と変わっていないじゃないか」**という注意を受けていたのです。ダメなところを指摘されるというわけではなく、**「変化していないこと」を指摘される**という点に驚いたのでよく覚えています。さらに続けて**「立ち止まることは後退することと同じだぞ」**という注意をされていたのがとても印象的でした。

経営層の人が言う通り、確かに世の中は常に変化をしているわけで、その中にあって私たちは下りのエスカレーターを逆向きにのぼろうとしているようなものかもしれません。立ち止まってしまうと途端に後ろにさがってしまい、駆け上がる人たちと大きな差をつけられてしまいます。実際、何か大きな計画を立てたとしてもリスクばかりを考えてネガティブになってしまい、最初の一歩を踏み出せない人が多くいるように思います。しかし、そこで「何もしない」ということは、動いて失敗する以上に最悪な選択だと思うのです。失敗だろうが成功だろうが、動くことも1つの変化ですからまず動かなければいけないわけで、**動かないことは最大のリスクになってしまうのです**。

いまだに資格取得を目指して必死に勉強する人や偏差値の高い大学を目指して死に物狂いで勉強する人は無数にいるわけですが、これからの時代に最も重要な素養とは資格を持っていることなのでしょうか、高学歴なのでしょうか。もちろん何かを目標に勉強をするということは悪いことではありませんが、なんでもいいからとにかく勉強さえしていれば絶対に大丈夫というものでもありません。やはり、**リスクをおそれずに常に自分自身を変化させ続けられる人**こそが生き残っていくのだと思います。

変化を続ける人と現状を変えられない人との差というのは、この先、ますます拡大していくはずです。それはすでに始まっているようにも思うのですが、例えば昨今話題の「働き方」でも二極化が進んでいます。相変わらず「生活費の足しにしたい」などといった理由で残業を続けている人がいますが、「時間ではなく質だ」と考え、働き方を変えて質を高めている人は、これから先の変化に適応できていくはずです。質が高まることで評価もついてくるはずですが、たとえ賃金が変わらなかったとしても、残業時間を減らしたりしっかり休暇を取ったりすることで充実した人生を送れるようになっていくでしょう。

「生活費の足しにしたい」と残業を続けている人は、成果で評価されるとマイナスになってしまうのをおそれているのかもしれません。時給で払ってもらうほうが安全だというわけですよね。しかし、その形態がいつまでも通用するとは思えません。通用しなくなってから慌てるのではなく、早く考え方を変えて**「変化」を選択すべき**と思います。繰り返しになりますが、変わっていく時間の中では「変化する」か「変化しない」かといった選択をしている余地すらないのです。生き残るには変化するしかありません。

そして、変化をするからこそ、安全に未来に向かっていくことができるのです。トヨタの現場でも、昔から何度も**「変化こそが安全性を保証する」**という言葉を聞かされていました。激動ともいえるこれからの時代に、ますます重要度を増してきている言葉だな、と日々実感しています。

まとめ

PDCAはActionのためにある

できるだけ「ラクする」ことを考える

知恵を出す「場」をいかに作るか

Action!
Action!
Action!
Action!

Toyota's scene"**Power to do**" The four What is an action!

第5章

「Action」を意識することで得られる3つのactionとは

ここまでトヨタの現場で繰り広げられる4つの「Action」について解説をしてまいりました。続いてこの章では、ここまでの4つのActionをインプットすることで得られる**「3つのaction」**について触れていこうと思います。

4つのActionを簡単に振り返ると、「圧倒的な行動力を身に付け」「プロとして適切に振る舞い」「自分の働きがどう作用するかを考え」「カイゼンを続けていく」ということでした。では、これらを継続していくことで何を得ることができるのでしょうか。実は、得られることにも「action」が含まれるのです。

得られる「3つのaction」というのは次の通りです。

（1）Attraction
（2）Interaction
（3）Satisfaction

それでは1つずつ解説していきましょう。

(1)Attraction

「Attraction」は**「魅力」**です。これまでの4つのActionを続けることで、**人間的な魅力が増していく**ことになります。そもそも魅力というのは人の縁やチャンスを最大化したり、人を巻き込んだり、人生やビジネスを成功に導くためのスキルともいえます。Actionを続けることで魅力という名のスキルが自然と身に付いていくということです。では、魅力というスキルが身に付くことでどのようなメリットがあるでしょうか。

例えば、営業に従事している人なら営業成績が上がっていくはずです。お客様というのは、商品だけを見ているわけではありません。「誰から買うか」ということも見極めようとしています。これは経営者であれば特に重視しているでしょう。そんな時に、自身の魅力が増していれば「ぜひ、あなたから買いたい」と言われる機会が増えるのも当然のことなのです。

また、あなたが起業家であれば資金が集まりやすくなります。起業家に投資する投資家も、ビジネスモデルだけを見ているわけではありません。「誰がやっているのか」という点も見極めようとしています。魅力的な起業家であればあるほど、資金は集まりやすくなるでしょう。

さらに、何かピンチが訪れたとしても、魅力的な人は圧倒的に助けてもらいやすくなります。「この人ならピンチを潜り抜けられる」と信じられ、手が差し伸べられやすいのです。そうなると、人生そのものが生きやすくなっていくでしょう。

Attraction は他にも**「牽引力」**という意味があります。これは魅力にも通ずるところですが、**周囲を引っ張る力も身に付いていく**ともいえるわけです。この力は組織を率いていこうとする人や、チームをまとめる立場の人には欠かすことができません。求心力がある、という人やリーダーシップがある、という人はとにかく Attraction が強いのです。人の上に立つ人を総じてリーダーと呼ぶ傾向がありますが、そうではありません。「この人のためなら喜んで力を貸したい」「ぜひ一緒に仕事をしたい」と思わせる牽引力を持つ人こそ真のリーダーです。ギャングの「ボス」のように、どんなに悪い人であっても Action をしていれば多くの人がついていきますし、逆にどんな善人であっても Action ができていないと人はついていかないものです。

さらにAttractionには、**「幸運を引き寄せる力」**という意味も含まれます。胡散臭く感じるかもしれませんが、Actionを続けると幸運を引き寄せるのです。実際、運勢がいいというのは、漢字で「運ぶ勢いがいい」と書きます。つまり、Actionを積極的にしている人は、**物事を運ぶ勢いがあるため運勢も良くなっていくのではないか**と思います。

第2章で「問題にぶつかるのは、運がいい証拠だ」という話でも書かせていただきましたが、「成功した人」に話を聞くと、「運が良かった」とよく口にされます。しかし、たまたま宝くじに当たったなどという「偶然性」ではないことがわかります。成功するためにActionを続けてきたからこそ運を引き寄せていたのだと感じずにはいられません。

「運ぶ勢いがいい」のが運勢ですが、運やツキというのは**「他人が運んできてくれるもの」**だとよく言われます。確かに、家に閉じこもっている人や、積極的に動かない人で運がいい人を見たことがありません。Actionを続けることで、関わる人たちが運やツキを運んできてくれるのです。これは非常に普遍的な考え方で、いまから1900年ほど前にキリスト教徒たちによって書かれた『新約聖書』にも**「叩けよさらば開かれん」**という言葉が記されています。これは、「目の前の扉を叩くからこそ、扉は開く」ということで、Action

をするからこそチャンスの機会が得られるというわけです。

生まれつき運が良くて、一生運が良いまま過ごし続ける人など誰もいないと思います。ただ、**常にActionをしている人にこそ、周囲の人が運を運んでくるもの**です。また、Actionをしながらも自分には「運がある」と思い続けることも大事だと思います。「運がある」と思うからこそ、成功に近づいていくともいえるのです。

(2)Interaction

4つのActionを続けることで得られるactionの2つ目は「Interaction」ですが、これは**「相互作用」**といった意味があります。つまり、仕事で関わる人たちとの関係性が良くなっていくということです。

ベストセラー『嫌われる勇気』(ダイヤモンド社)で注目されたアドラー心理学では、**「人間の悩みは、すべて、対人関係の悩みである」**と語られています。人間の悩みを深く探求していくと、根本的なところはすべて、対人関係の悩みに行き着くということなのですが、そうであれば対人関係が良くなれば悩みも減って楽しい人生が送れるはずです。そのためには、Actionを続けて相互作用を増幅させることがカギになってくるのです。

対人関係という点でトヨタの現場にも特徴的な動きがありました。例えば新人が「ホウ・レン・ソウ」をしてこないという場合、皆さんが上司だとしたら何を思うでしょうか。「ホウ・レン・ソウ」は言うまでもなく「報告・連絡・相談」の略で、ビジネスにおけるコミュニケーションの基本ですね。新人が相談をしてこない、何も報告をしてこないという時に「基本がなっていない」「これだから最近の若い者は……」などと愚痴をこぼしてはいないでしょうか。「連絡もできないのか！」などと怒鳴りつけてはいないでしょうか。

トヨタの現場では、**新人が上司であるあなたに相談してこないのは、〝相談されない上司の責任〟**になります。「ホウ・レン・ソウをしなさい」と怒るのではなく、しない空気を自分が作ってしまっていることを反省しなければならないのです。

これは第4章「現場作りとは、いかにして〝知恵を出す場〟を作るかだ」でも触れていますが「ホウ・レン・ソウ」をしてこないのは、してこない理由があります。そして、その理由には上司自身が大いに関係していると考えるべきなのです。相談されやすい空気を作っているか、こまめに声をかけてあげているか、など自分自身の行動をいま一度振り返らなければいけません。ホウ・レン・ソウに限らず、新人教育などで部下ができていないことがあれば、その部下が怒られるのではなく指導している上司が大抵は怒られます。部下の力を引き出してあげるのが上司の役目だ、というわけです。そして、こちらが変わらなければ部下も変わらない、まさに「相互作用」だということです。

昨今は、入社3年で30%の新入社員が辞めてしまうといわれます。辞めてしまう理由は様々だと思いますが、ここにも相互作用の欠如が関係していると考えられます。上司とコミュニケーションが取れなくなると部下は辞めることを考え始めます。辞表が出てきてから慌てて部下とコミュニケーションを取ろうとしても遅いのです。ましてや辞める理由を聞いたとしても、部下は本当の理由を言わないでしょう。

トヨタをはじめとする自動車業界の現場は技術先行のイメージがありますが、現場では本当にコミュニケーションが重要視されていました。これは他社でも同様だったと思います。かつて日産自動車をV字回復させたカルロス・ゴーン氏は**「私は業務の95%をコミュニケーションに費やしている」**と語っていました。また、ホンダの創業者である本田宗一郎氏は**「人を動かすことのできる人は、他人の気持ちになることができる人である」**と語っていました。どんな事業であれ、人間がやることですからコミュニケーションは非常に重要視すべき点であることがわかります。

本田宗一郎氏が「人を動かすことのできる人」に言及していましたが、トヨタの現場でも人を動かすには**「まず自分が動け」**と言われていました。本編でもご紹介した「三現主義」でもそうですが、率先垂範という動きに重きを置かれています。**人を動かすには、まず自分が動かなければならない**、ということです。

現場のコミュニケーションを醸成させていくには、やはり自らが〝4つのAction〟を続けることが大事なのです。

(3)Satisfaction

最後に得られる3つ目のactionは「Satisfaction」です。**「満足」**と訳すことができますが、私たちのビジネスは常にお客様のためにあるものです。自分の私利私欲のためであればいつか終わりを迎えますし、なんの目的もなければなんの結果も残すことができないでしょう。まずはお客様に喜んでいただくためにビジネスに取り組むべきなのですが、これまでご紹介した4つのActionを続けることで、**お客様に「満足」を与えることができるはずです**。

そもそも、お客様に満足していただくというのはどういうことなのでしょうか。「顧客満足向上」を標榜して取り組みを続けている企業は星の数ほどあるかと思います。しかし、実際には「サービス」というものが目に見えないため、どこから手をつけていいのかわからなかったり、何を指標にしていいのかわからず成果が見えていなかったりするところも多いようです。

顧客満足向上について活動をしている企業に対し「顧客満足の定義ってなんでしょうか?」と訊ねると、答えに困ってしまう人が少なくありません。定義が曖昧だったり、認識が違ったりすれば成果に繋がらないのも無理はないでしょう。私が理解している顧客満足の定義は次の通りです。

「顧客満足は、**お客様がサービスを受ける前に抱いている事前期待を、サービスを受けた**

後の実績評価が上回った時に得られる」

つまり **〝期待を超える〟** ということですね。例えば友人と旅行に行き、お金もないので格安のレジャーホテルに宿泊をしたらとてもキレイで対応も親切、料理は地元の素材にこだわっていて思いがけぬ美味しさだった、という時に何を感じるでしょうか。「これは良いホテルを発見したね」「また来ようね」「他の友達にも勧めよう」となるはずです。この場合、ホテルを利用する前の事前期待が小さかったのに対し、実際利用してみたところ思っていた以上の環境、サービスで「実績評価」が上回り「満足感を得た」ということになるわけです。

これとは逆に、事前期待よりも実績評価のほうが小さいと、ガッカリされてお客様を失ってしまいます。料金も高いし「良い」と評判のホテルなのに、泊まってみたらそうでもなかった、という場合には満足感は得られません。結局のところ、顧客満足の定義のポイントとして、**「顧客満足は絶対値ではない」**ということが挙げられます。事前期待と実績評価の「相対値」で顧客満足が決まっていきますので、「一定のレベルさえクリアすれば喜んでくれるはず」という簡単な話ではないのです。

そのために何をしなければいけないかというと、これまでにご紹介した4つのActionのうち、特に4つ目の「PDCAサイクルにおけるAction」は優先順位が高いでしょう。お客様の事前期待はどんどん上がっていきますので、サービスを提供する側は成長しながら常に上回らないといけません。そのためにはPDCAサイクルを回しながらAction（カイゼン）を続けなければならないというわけです。

そして顧客満足を高めることで、もう1つの「Satisfaction」を得ることができます。それは、〝**自分自身の人生における満足感**〟です。

仕事を通じてお客様に満足していただくことで、お客様に感謝されたり、会社の中で評価されたりします。すると人間の根源的欲求とも言われる「承認欲求」が満たされていきますので、自分自身の日々の生活や人生そのものに高い満足感を得ることができるようになるのです。すると自分に自信も持てるようになっていきますので、さらにActionが活発になり、「Satisfaction」も得られ、……と良いサイクルが回っていくことになります。そんな良いサイクルを回して人生を充実させることができるように、ぜひActionを続けていってもらいたいと思います。

人生で最もやってはいけないのが「後悔」ではないでしょうか。人間が晩年に大きな後悔をする時というのは、やったことに対してではなく**「まだやれる余力があったのにやり尽くさなかった時」**だと言われます。ぜひとも行動を起こし続けて、正しい汗を流していきましょう。

最後に、自動車部品販売で有名なイエローハット創業者である鍵山秀三郎氏の言葉をご紹介しつつ、すべての章を終えようと思います。

「若い時に流さなかった汗は、老いてから涙となって返ってくるのです」

まとめ

Attraction
（人間的魅力）
Interaction
（関係性の良化）
Satisfaction
（お客様満足）
の3つが得られる！

あとがき

4つのActionと、それによって得られる3つのactionについて解説をしてきましたが、ここまでお読みいただいたあなたは何を感じたでしょうか。

私たちは、目に見えるもので行動を決定しています。そして、その行動が、あらゆることの結果を決めています。つまり、人生で得られる結果を変えたければ、まず「ものの見方」を変えなければならないことになります。

同じ事象が起こっても、捉え方は人それぞれです。その「ものの見方」や「捉え方」が異なる時点で、その後の人生が大きく変わるのではないかと思います。

この本で書いたようなActionの考え方を常に意識することで、「ものの見方」は変わっていくはずです。「ものの見方」が変われば、行動が変わります。行動は習慣になり、性格として定着します。その性格は運命を変え、人生が変わっていくのです。

「はじめに」でもお伝えした通り、全く行動のできなかった私が、トヨタの現場を通じてActionを学び、いまでは会社を経営しています。これはつまり、**「ものの見方」が変わったこと**がきっかけとなっています。

「よく起業をしようと思ったね」とか「会社を作るなんてすごいね」と言われることがあります。しかし、会社を作ることなんて、少しのお金と「法務局に行く」という行動さえあれば誰でもできることです。それでも、1年も経たずに潰れてしまう会社は数多くあります。実際、中小企業庁の「中小企業白書」によれば、起業して5年後には58％が倒産してしまっているという現実があります。有名なビジネススクールを出たとか、MBAを持っていて起業した人を知っていますが、必ずしも事業は順調ではないようですし、事業を辞めてサラリーマンに戻った人もいます。

では、いい会社とそうでない会社は何が違うのかというと、やはり「Actionをしているかどうか」に尽きます。経営者がしっかりとActionを続けることで、そこから考えることを増やして成果に繋げる、そんな動きをしている会社が成長し続けているのではないでしょうか。

そして、これは個人にもいえる話です。いまの時代に必要とされているのは、1つの正解ではありません。大勢が納得できる解をどれだけ導き出せるかが問われます。そのためには、とにかくActionをしなければなりません。そのActionの結果から考え抜いて解を出す。そのためにも、同じ場所に留まっていては何も始まらないのです。さらに、Actionを続ける人は、**「自分の力で何かができるようになる」**というメリットを享受することができます。解を出し、何かを1つクリアするごとに1つの達成感を味わうことができるのです。

ここまで本書をお読みいただき本当にありがとうございました。読んでいただきながら言うのもなんですが、本を読んだだけでは人は変わりません。本を読んで変わりたいと思うのであれば、書かれていることを実行して初めて変わっていくことができると考えます。もちろん本に書いてあることをやってみても、上手くいかなかったり、自分にはできないと思ったりすることもあるかもしれません。

しかし、多くの人は「昨日までできなかったから」ということを理由に「自分は一生それができない人間なんだ」と決めつけていないでしょうか。昨日までできなかったという事実が、今日もできないという理由にはなりません。

これからの人生のうち、一番若いのはいまこの瞬間です。今日から行動を起こしていきましょう。

「Take action today!」

原マサヒコ

【参考文献】

『プロフェッショナルの条件』P・F・ドラッカー（ダイヤモンド社）

『イノベーションのジレンマ――技術革新が巨大企業を滅ぼすとき』
クレイトン・クリステンセン（翔泳社）

『小倉昌男　経営学』小倉昌男（日経BP）

『ライフ・シフト――100年時代の人生戦略』リンダ・グラットン（東洋経済新報社）

『嫌われる勇気――自己啓発の源流「アドラー」の教え』
岸見一郎、古賀史健（ダイヤモンド社）

『心が折れる職場』見波利幸（日本経済新聞出版社）

『現場力を鍛える　「強い現場」をつくる7つの条件』遠藤功（東洋経済新報社）

『徹底のリーダーシップ』ラム・チャラン（プレジデント社）

『大野耐一の現場経営』大野耐一（日本能率協会マネジメントセンター）

『GRIT』アンジェラ・ダックワース（ダイヤモンド社）

『文語訳 新約聖書』（岩波書店）

『韓非子』（徳間書店）

原マサヒコ（はら・まさひこ）

株式会社プラスドライブ代表取締役

1996年、神奈川トヨタ自動車株式会社に現場メカニックとして入社。5000台もの自動車修理に携わりながら、トヨタの現場独自のカイゼン手法やPDCAサイクルを叩き込まれる。トヨタ独自の“やりきる力”を身に付けて発揮した結果、技術力を競う「技能オリンピック」で最年少優勝に輝く。さらにカイゼンのアイデアを競う「アイデアツールコンテスト」でも2年連続全国大会出場を果たすなど活躍。

活躍の場をIT業界に変えても、PCサポートを担当したデルコンピュータでは「5年連続顧客満足度NO.1」に貢献。

現在はWEBマーケティング会社を設立し、クライアント先の現場にてWEBカイゼンやPDCA施策の推進を図りながら“やりきる力”を発揮している。

著書に、『トヨタで学んだ自分を変えるすごい時短術』（かんき出版）『新人OLひなたと学ぶどんな会社でも評価されるトヨタのPDCA』（あさ出版）『どんな仕事でも必ず成果が出せるトヨタの自分で考える力』（ダイヤモンド社）などがある。

▼原マサヒコ公式サイト
http://www.haramasahiko.com/

Action!
トヨタの現場の「やりきる力」

2017年12月20日　第1刷発行

著　者　原マサヒコ
発行者　長坂嘉昭
発行所　株式会社プレジデント社
〒102-8641東京都千代田区平河町2-16-1
平河町森タワー13階
http://president.jp
電話　編集(03)3237-3732
販売(03)3237-3731

販　売　高橋徹　川井田美景　森田巌　遠藤真知子　末吉秀樹
編　集　桂木栄一
装　丁　秦 浩司(hatagram)
制　作　関結香
印刷・製本　凸版印刷株式会社

ISBN978-4-8334-2259-8
Printed in Japan